HEIKE VOM HEEDE

Ein Jahr lang wir

Ein Jahr lang wir

DIE GRÖSSTEN UND KLEINSTEN FAMILIENFRAGEN

beantwortet von
HEIKE VOM HEEDE

Community EDITIONS

FÜR MORITZ UND TILL

Meine Jungs, die uns zu einer
Familie gemacht haben und die
dafür sorgen, dass mein Leben
voller Liebe ist

Inhalt

Eine komplette Fragen-Übersicht findet ihr auf Seite 251

Vorwort

**Wisst ihr, welches Abenteuer vor euch liegt?
Ihr werdet eine Familie!**

Das ist so wunderschön, und, wenn ihr tief in euch hineinhorcht, vielleicht auch ein wenig beängstigend – nicht wahr?

Keine Sorge, so ergeht es allen von uns. So ging es mir, als mein erster Sohn zur Welt kam, und auch beim zweiten Sohn war es nicht sehr anders. Mit jedem Kind hat sich mein Familienleben verändert – und so herausfordernd dieser Prozess bis heute ist, so erfüllend ist er auch.

Doch wer bin ich, dass ich euch so etwas erzähle?

Hallo ihr Lieben,
mein Name ist Heike. Ich bin Diplom-Sozialpädagogin, habe meinen Schwerpunkt und meine Erfüllung in der Familienpädagogik gefunden und führe seit mehr als zwanzig Jahren ein eigenes Familieninstitut in meiner Heimat Düsseldorf.

Ich nenne mich gerne »die Anwältin der Kinder«, was bedeutet, dass ich immer aus der Perspektive des Kindes argumentiere und versuche, das den Eltern zu vermitteln und nicht aus der Erwachsenebene zum Kind zu sprechen. Ich bin der festen Überzeugung, dass es kein Rezept für die eine richtige Art und Weise gibt, wie Familie funktioniert. Das geht sogar so weit, dass ich das Wörtchen »funktionieren« ganz verbannen möchte. Denn Familie ist nichts, was man durch Stellschrauben zum Ideal drehen sollte. Familie ist etwas, das so individuell ist wie jede einzelne Person auf diesem wunderschönen Planeten.

Wenn es also keine allgemeingültigen Regeln und Abhaklisten gibt, wie Familie gelebt wird, was ist dann der Grund für dieses Buch? Das ist recht simpel: Ich möchte euch auf dem Familienweg begleiten, der zu euch passt. Durch meine

Social-Media-Präsenz erreichen mich jeden Tag Fragen von werdenden Eltern und bereits bestehenden Familien. Es sind – ganz egal, wie unterschiedlich die Umstände sind – im Kern doch immer die gleichen Themen, die uns alle bewegen.

Und diesen Themen gebe ich in diesem Buch den Platz, den sie verdienen. Ich schreibe kein Nachschlagewerk von A–Z, hangle mich nicht an Wachstumsschüben entlang, schaue nicht nur aufs Kind, sondern auch auf euch.

In diesem Buch schauen wir gemeinsam auf ebendiese wundervollen Familien von der Schwangerschaft bis ins erste Lebensjahr. Ich lade euch ganz herzlich dazu ein, mit mir herauszufinden, wohin euch euer Familienweg führen wird.

Wollen wir gemeinsam losgehen?

»EUCH«, WER SOLL DAS SEIN?

In diesem Buch richte ich mich an Eltern. Ob Mama, Papa, Stiefmama, Bonus-Papa, alle Genannten oder eine Person – das sind für mich Eltern. In einem Gefüge, das so individuell sein darf wie das Leben selbst.

Oftmals spreche ich direkt dich an, liebe Schwangere oder bereits frischgebackene Mama. Ich weiß ja, wer sich hauptsächlich an mich wendet, doch ich freue mich auch über jeden Papa und jede*n Partner*in, der oder die in meinen Antworten einen Rat sucht.

Es wäre sehr chaotisch, in jedem Satz alle möglichen Familiengefüge zu nennen. Ich möchte aber nicht aus Einfachheit nur Mama-Papa-Eltern ansprechen, aber auch nicht nur Alleinerziehende oder gleichgeschlechtliche Eltern. Wenn ich »du« schreibe, dürfen sich alle angesprochen fühlen (in den meisten Fällen richtet es sich aber schon an die Schwangere, da hat die Natur wenig Spielraum). Wenn ich »ihr« schreibe, dann spreche ich von allen, die zum engsten Familiengefüge gehören – auch dann, wenn es aus Mama und (ungeborenem) Baby besteht.

Familien sind so vielseitig, ich spreche zu euch allen und hoffe, dass ihr euch angesprochen fühlt.

Wir werden eine Familie

FRAGEN UND ANTWORTEN RUND UM DIE SCHWANGERSCHAFT

Ganz langsam, aber sicher, und dann doch ganz schnell, wachst ihr zu einer Familie heran. Ein weiteres kleines Herzchen schlägt nun voller Aufregung auf ein gemeinsames Leben, und eure Reise als Familie beginnt bereits vor dem ersten Hallo-Schrei.

In diesem Kapitel widme ich mich den großen und kleinen Fragen, die euch als werdende Familie beschäftigen. Wir schauen ganz genau in die Vorbereitung, greifen Sorgen und Ängste auf und achten immer darauf, dass die Vorfreude ausreichend Platz findet.

DAS ELTERNMEETING

Bevor wir loslegen, möchte ich noch ein Wort erklären, das sich immer mal wieder ins Buch geschlichen hat. Wer mich von Social Media oder aus meinen Kursen im Familieninstitut kennt, wird schon wissen, worum es sich handelt. Für alle anderen möchte ich es kurz erklären.

Was ist ein Elternmeeting?
Das Elternmeeting ist eine sehr schöne Verpflichtung, die Eltern gemeinsam eingehen. Mama, Papa, Bezugsperson – wer teilnimmt, definiert euer Familiengefüge.

Das Wort »Meeting« klingt erst mal sehr pragmatisch und nach Arbeit, und das ist auch gar nicht so falsch. Es ist ein Termin, in dem ihr alles fokussiert bespricht, was eure Rolle als Eltern betrifft. Damit fangt ihr am besten schon in der Schwangerschaft an und führt es ab dann in einem für euch sinnvollen Turnus durch. Ob täglich, wöchentlich, jährlich, alle Jubeljahre – das Elternmeeting verändert sich mit euch und euren Anforderungen.

Ziel des Elternmeetings ist es, dass die Gespräche, die ihr sonst im Alltag nur anreißt, einen Platz finden, um ausgiebig besprochen zu werden.

Teil der Agenda können terminliche Absprachen sein, Erziehungsmodelle, die Einrichtung des Kinderzimmers, der Umgang mit Religion, die Aufteilung der Hausarbeit, der Familienname, die Wahl der Paten, die sinnvollsten Versicherungen, die Vereinbarkeit von Familie und Beruf, das Lied, das an jedem Geburtstag gesungen wird. Ihr seht: Die Themen sind so vielfältig, wie ihr sie gestaltet!

Das Elternmeeting ist übrigens nicht an den Tisch gebunden. Es darf auch bei einem entspannten Spaziergang, spontan im Badezimmer oder doch im Lieblings-Café stattfinden. Die Hauptsache ist, dass ihr euch auf eure selbst definierte Agenda konzentriert und das Besprochene notiert und verinnerlicht. Das, was ihr in den Elternmeetings festlegt, ist euer Gesetz. So lange, bis ihr es neu schreibt!

Gefühlswelt Schwangerschaft

Meine Liebe, du bist schwanger!
Herzlichen Glückwunsch aus tiefstem Herzen –
vor dir liegt eine wunderschöne Reise,
und ich bin sehr glücklich darüber, dich
auf dieser begleiten zu dürfen.

Ob Überraschungskind, Wunschkind,
lang ersehntes Kind oder ganz unverhoffte
Schwangerschaft – die kommenden
Monate werden anders sein als alles,
was du je erlebt hast.

Ich habe mit einer Schwangerschaft nicht gerechnet, was jetzt?

Nicht immer sind Schwangerschaften geplant, sondern eine echte Überraschung. Doch nur, weil es nicht der Plan war, genau jetzt schwanger zu werden, bedeutet es nicht, dass du nicht dazu bereit sein wirst.

Gib dir zunächst die Erlaubnis, dich zu sortieren und für dich zu realisieren, was in dir und deinem Leben nun vorgeht. Verurteile deine Sorgen, Zweifel und Ängste nicht, denn diese gibt es auch bei einer akribisch geplanten Schwangerschaft.

Wenn du dieses Buch in den Händen hältst, dann hast du dich mit sehr großer Wahrscheinlichkeit dazu entschieden, eine Familie zu gründen. Dazu möchte ich dir aus tiefstem Herzen gratulieren! Vielleicht war die Entscheidung keine einfache, aber du hast sie getroffen und kannst stolz auf dich sein.

Sich für eine Familie entschieden zu haben löscht nicht plötzlich alle negativen Gefühle aus. Sie gehören sogar zu jeder Schwangerschaft auf ihre individuelle Art und Weise dazu. Sollten die negativen Gefühle alles übertönen, dann nimm dir besonders viel Zeit, um sie zu ergründen. Bist du vielleicht gerade einfach überfordert? Fühlst du dich allein oder hast Existenzängste? Verurteile dich nicht für deine Gefühle, und lasse auch nicht zu, dass andere es tun.

Sprich, wenn du bereit dazu bist, mit deinem Partner, deiner Partnerin oder einer Bezugsperson deines Vertrauens. Ausgesprochen ist Unüberwindbares sehr viel klarer einzuordnen.

Lasse dich von all den offenen Zukunftsfragen nicht überrollen. Das ist sehr einfach gesagt, erfordert aber Disziplin. Du kannst nicht auf einen Schlag alles in die Wege leiten und einen neuen perfekten Plan aufstellen. Vielleicht musst du deine Wohnsituation verändern, vielleicht passt ein Kind nicht in deinen Karriereplan, vielleicht bist du nicht in einer Beziehung. Das sind alles Themen, die sich organisieren lassen. Gehe diese »Baustellen« Schritt für Schritt an und versuche auch das Positive in der Veränderung wahrzunehmen.

Es ist übrigens sehr normal, dass du nicht jeden Tag voller Zuversicht und Freude über jeden einzelnen Aspekt deiner Schwangerschaft sein wirst. Solange du für dich und deine Familienplanung entschieden hast, dass du ein kleines Herzchen mehr in die Welt bringen möchtest, ist das Gefühl der Verbundenheit viel stärker als alles andere. Auch wenn es sich nicht jeden Tag so anfühlen mag.

Schaffe dir bewusst Momente, in denen du dich auf die Dinge konzentrierst, die du sicher weißt:

- Du wirst Mama.
- Du bist nicht allein – Bezugspersonen sind nicht nur für dein Kleines, sondern auch für dich da!
- Du kannst es.
- Du darfst zweifeln.
- Du darfst deine Gefühle fühlen.
- Du wirst eine Liebe empfinden, die du noch gar nicht begreifen kannst.

Ich habe einen sehr einfachen Tipp für dich, der dir hilft, aus deiner Spirale aus Angst und Zweifel auszubrechen: Verlasse deine vier Wände und deinen gewohnten Alltag ganz bewusst. Das kannst du mit einem Spaziergang in der Natur tun oder mit einem Cafébesuch. Nimm wahr, dass die Welt weiterhin existiert und dein Leben weitergeht. Nur anders. Neue Wege warten auf dich! Sei bereit, sie zu erkunden.

Ab wann darf ich von meiner Schwangerschaft erzählen?

Sollte es einen Partner oder eine Partnerin in deinem Leben geben, mit dem oder der du diesen neuen Lebensabschnitt gemeinsam gehen möchtest, finde ich es immer schön, den Schwangerschaftstest gemeinsam zu machen. Das nimmt dir vielleicht ein wenig Angst, und die Freude ist dann doppelt so groß.

Falls du es allein herausgefunden hast, dann weihe den zweiten werdenden Elternteil so schnell wie möglich ein. Platze damit heraus oder plane eine kleine Überraschungsbox mit dem positiven Test – so wird es für euch beide real!

Zelebriert dann diesen Tag ganz bewusst gemeinsam. Kocht euer Lieblingsessen, geht gemeinsam aus, lauft eine Runde durch die Straßen oder den Park und sprecht über all die schönen Gefühle, die ihr jetzt mit dem Gedanken an euer kleines Wunder habt. Werdet euch bewusst, dass ihr euch nun gemeinsam auf einem neuen Weg befindet, der so viel besonderer ist, als ihr euch vielleicht vorstellen könnt.

Haltet diesen Tag mit einem Foto fest oder schreibt ein paar Zeilen auf. Dieser Moment ist einmalig, und ihn euch auch Jahre später nochmal ins Bewusstsein zu rufen, ist so wertvoll.

Falls du keine*n Partner*in an deiner Seite hast, feiere den Tag mit deiner besten Freundin oder jemandem, der dich nun als engste Vertrauensperson auf diesem neuen Weg begleiten wird. Schenke deiner Freude und all den neuen Gefühlen Platz!

Wenn es dann darum geht, dein weiteres Umfeld einzuweihen, habe ich eine Empfehlung. Es ist aber komplett deine Entscheidung. Handle so, wie es sich richtig für dich anfühlt!

Man spricht immer von der Zwölf-Wochen-Grenze für die Kommunikation einer Schwangerschaft. Zu diesem Zeitpunkt hast du die ersten Untersuchungen gemacht, konntest deinen kleinen Schatz erstmals auf

dem Ultraschallbild sehen, hast die ärztliche Sicherheit und hattest Zeit, in deiner neuen Rolle als werdende Mama anzukommen, ohne dich den Meinungen und Ratschlägen anderer auszusetzen.

Ich empfehle aus Gründen des Selbstschutzes, deiner kleinen, wachsenden Familie diese ersten drei Monate zu schenken. Es ist weniger ein Verschweigen deiner Schwangerschaft als das Schützen einer wunderschönen Bubble, in der ihr euch nun befindet. Wenn du schon ein Zuhause-Gefühl mit dir und deiner Schwangerschaft geschaffen hast, kannst du äußere Einflüsse viel besser einordnen.

Solltest du aber von Anfang an den starken Drang verspüren, unbedingt alle einweihen zu wollen, dann ist das dein richtiger Weg! Es gibt nie eine Garantie oder einen perfekten Zeitpunkt. Vertraue auf dein Bauchgefühl.

Wie verkündet man eine Schwangerschaft am schönsten im weiteren Umfeld?

Für die Verkündung im Freundeskreis würde ich ein kleines Fest veranstalten. Das muss nicht aufwändig sein, es reicht schon ein gemütlicher Abend oder ein Grillfest im Garten. Schaffe eine schöne Atmosphäre, in der du dich wohlfühlst, von deiner schönen Nachricht zu erzählen.

Für die Verkündung bei den werdenden Großeltern kannst du beispielsweise ganz ungezwungen zum Kaffee und Kuchen einladen und etwas zur Visualisierung deiner Schwangerschaft vorbereiten und verschenken. Du spürst die Veränderung körperlich und auch mental. In dir verändert sich so viel, was von außen vielleicht noch gar nicht sichtbar ist. Deine Liebsten wollen auch Teil der Reise sein, und mit einem Ultraschallfoto, einem Fotoalbum, das sie als Oma und Opa füllen dürfen, oder einem Paar Babysöckchen haben sie etwas, auf das sie ihre Vorfreude projizieren können.

Verbinde das Materielle direkt mit einer Emotion, indem ihr euch zusammen ausmalt, wie die Söckchen dem Enkelchen zum ersten Mal angezogen werden. Das Geschenk ist gleichzeitig auch ein Versprechen, dass die Omas und Opas eine wertvolle Rolle in eurer kleinen Familie spielen werden.

Werden deine Eltern zum ersten Mal Großeltern, ist dieser Moment auch für sie eine große Veränderung. Wenn das eigene Kind zum Elternteil wird, entwickelt sich das Familiengefüge zu etwas Neuem. Gib den werdenden Großeltern Raum, diese neue Version ihres eigenen Kindes kennenzulernen und zu verstehen.

Wie gehe ich damit um, wenn die Angstgefühle während meiner Schwangerschaft stärker sind als die Glücksgefühle?

Angstgefühle dürfen existieren. Erlaube sie dir und verurteile dich nicht. Versuche zunächst herauszufinden, ob du wirklich Angst hast oder ob dieses innere Kribbeln vielleicht auch Aufregung und etwas Überforderung sein könnte. Ich möchte dir deine Gefühle keinesfalls absprechen, doch ich möchte auch nicht, dass du deine Gedanken zu negativ bewertest. Aufregung und Unsicherheit sind normal in der Schwangerschaft. Sie gehören fast immer dazu und werden von jeder werdenden Mutter mehr oder weniger gespürt.

Auf jeden Fall solltest du diese Gefühle ernst nehmen und nicht einfach übergehen. Sprich mit einer Bezugsperson, und lasse dich vielleicht für ein paar Tage auf der Arbeit krankschreiben, um dich zu entlasten. Was du empfindest, löst Stress aus, und weitere Stressquellen – wie der Job – können deine innere Unruhe verstärken.

Ziehe dich zurück und mache dir bewusst, woher die Gedanken rühren. Schreibe sie in ein Tagebuch und benenne sie ganz konkret. Gehe dann die Themen Schritt für Schritt an und erwarte nicht von dir, alles auf einmal bewältigen zu können.

Wenn dich deine Gefühle auf Dauer belasten, nimm therapeutische Hilfe in Anspruch oder wende dich an eine Beratungsstelle (siehe S. 250).

Ich habe eine ganz große Bitte: Warte nicht zu lange. Es muss dir nicht erst extrem schlecht gehen, bevor du dir eine vermeintliche Schwäche erlauben darfst. Wenn negative Gefühle deine Tage und Nächte bestimmen, dann ist es höchste Zeit, Hilfe anzunehmen. Das ist Selbstfürsorge. Du tust nicht nur dir damit etwas Gutes, sondern bist auch für dein Ungeborenes da. Keine werdende Mama muss aushalten!

Bei aller fachlicher Expertise: Ich umarme dich, denn das ist es im Grunde doch, was du nun brauchst.

Wieso fällt mir alles so schwer?

Weil du schwanger bist! Die Hormone in dir verändern momentan einfach alles, was du vorher gewohnt warst. Dein Körper stellt sich um und deine Gewohnheiten auf den Kopf.

Bist du zunehmend müde und antriebsarm, ist das dein Körper, der Ruhe einfordert, damit du in ihm ankommen kannst. Gehe zwei Schritte zurück, werde körperlich und geistig gemütlicher und setze dich nicht unter Druck, alles schnell schaffen zu müssen. Akzeptiere, dass du langsamer bist und sich dein Körper im Umbau befindet.

Du hast vielleicht das Gefühl, energielos zu sein, aber das stimmt so nicht. Du strotzt sogar vor Energie! Doch statt sie nach außen hin zu leben, richtet sie sich in dein Inneres. Dein Körper stibitzt dir jetzt die Kraft, die er braucht, um das Wunder in dir zu formen.

Wieso fällt mir alles so leicht?

Die Hormone schenken dir auch Glücksgefühle!

Oft brauchen sie eine Weile, um durchzukommen. Bei all der Umstellung, dem Neuen, dem Ungewissen, ist das total normal. Fallen dir plötzlich Dinge leichter als noch vor wenigen Schwangerschaftswochen, hat sich der Hormonhaushalt in deinem Körper stabilisiert. Fühlt sich das nicht großartig an?

Er schenkt dir nun vermehrt Glücksgefühle und Vorfreude, mit denen sich dein Alltag sehr viel leichter und unbeschwerter meistern lässt. Nun hast du sicher auch Lust, dich auszutauschen, und könntest vor Glück die ganze Welt umarmen.

Auch das gehört zur Schwangerschaft dazu, und ich freue mich so für dich, dass du es erleben darfst!

Wie kann ich damit umgehen, dass mein*e Partner*in sich weniger als ich über die Schwangerschaft freut?

Du hast deinem Partner oder deiner Partnerin etwas Wichtiges voraus: Du spürst mit jeder Faser deines Körpers, dass du Mutter wirst. Auf diesem Level anzukommen, ohne selbst schwanger zu sein und diese Veränderung zu spüren, kann schwer sein. Gib ihm oder ihr die Zeit, um emotional aufzuschließen.

Eure Paar-Kommunikation ist sehr wichtig in dieser Phase, in der ihr euch emotional an unterschiedlichen Punkten befindet. Sprich an, dass du dich allein mit deiner Vorfreude fühlst, und frage ganz direkt nach, ob dein Gegenüber wirklich so empfindet, wie es bei dir ankommt. Eröffne ein solches Gespräch nicht mit Vorwürfen, um keine Ablehnungshaltung zu provozieren. Offene Kommunikation hat immer das Ziel, gemeinsam zu sprechen. Nicht gegeneinander.

Gefühle lassen sich nicht erzwingen, und ein »Du solltest doch genauso fühlen, wie ich« kann nur Enttäuschung hervorrufen. Solche Aufforderungen sorgen höchstens für eine größere Distanz zwischen euch.

Stehe stützend zur Seite und sei jemand, dem sich dein Partner oder deine Partnerin anvertrauen kann. Vielleicht gibt er oder sie sich sehr viel Mühe, emotional mit dir mitzuhalten, schafft es aber aus eigener Kraft nicht.

Verstehe fehlende Vorfreude nicht direkt als ein »gegen dich und das Kind«. Das Verhalten hat etwas mit deinem Partner oder deiner Partnerin zu tun und der neuen Rolle, in die er oder sie nun hineinwachsen wird.

Ich lege Paaren immer ans Herz, auch bewusst über Dinge außerhalb der Schwangerschaft zu sprechen. Zeigt einander, dass sich zwar vieles ändert, aber eure Basis noch immer dieselbe ist.

Wie vereine ich Schwangerschaft, Baby und Karrierewünsche?

Es kann sehr gut funktionieren, braucht aber einen Plan!

- Wer unterstützt im Haushalt?
- Wo kann Entlastung entstehen?
- Wann hast du Zeit für dich?
- Hast du die Möglichkeit, deine Pausen frei einzuteilen und auch mal von den regulären Arbeitszeiten abzuweichen?
- Wer unterstützt euch später mit dem Baby? An welchen Tagen passiert was?

Puh, das sind viele Fragen. Aber keine davon ist unlösbar.

Vertraue auf den Plan, den du gemeinsam mit deinem/deiner Partner*in, Ärzt*in, Arbeitgeber*in und deinem familiären und freundschaftlichen Umfeld aufstellst. Bis dieser Plan so perfekt wie möglich ist, muss er ausgiebig getestet und angepasst werden. Es kann auch helfen, an deine*n Arbeitgeber*in zu kommunizieren, wie wertvoll dein Arbeitsplatz für dich ist. Sollte es mal zu Planungsengpässen kommen, kann dies gegenseitiges Verständnis und Rücksicht stärken.

Dreht als Familie an den Stellschrauben, wenn es nicht funktioniert. Dein Wunsch, Karriere und Familie zu vereinen, ist es wert, mit sehr viel Mühe und Geduld am Ball zu bleiben und nicht alles über den Haufen zu werfen, nur weil es sich punktuell nach zu viel Arbeit anfühlt.

Ganz wichtig: Die Vereinbarkeit passiert nicht einfach, es braucht ein Konzept!

Ein Gedanke, den ich arbeitenden Mamas und denen, die es werden wollen, gerne mitgebe, ist folgender: Ziehe in Betracht, nicht »nur« zwanzig Stunden pro Woche zu arbeiten, sondern vielleicht sogar auf dreißig Stunden aufzustocken. Es ist doch in der Regel so, dass du trotz geringerer Stunden auf dem Papier und dementsprechender Vergütung genauso viel leistest wie diejenigen, die mehr Stunden machen. Stockst du auf, entzerrst →

→ Wie vereine ich Schwangerschaft, Baby und Karrierewünsche?

du deinen Arbeitstag und wirst angemessen für ein normales Arbeitspensum bezahlt.

Das Budget, das du nun zusätzlich verdienst, steht dir dann zur Verfügung, um dir beispielsweise Unterstützung für den Haushalt zu holen. Das bedeutet: geistige und körperliche Entlastung, mehr Zeit fürs Familienleben, für Freund*innen und für dich!

Wenn du als Mama Vollzeit arbeiten möchtest und kein Elternteil für die Betreuung zu Hause sein kann, dann ist eine zusätzliche Bezugsperson für dein Baby sehr wichtig. Sie soll kein Elternersatz sein, aber jemand, der Stabilität ausstrahlt und mit dem alle in der Familie positive Gefühle verbinden.

Wie finde ich Zeit, mich im hektischen Berufsleben überhaupt mit meiner Schwangerschaft zu beschäftigen?

Sprich mit den Verantwortlichen in der Arbeit und fordere Flexibilität ein. Eine gemeinsame Lösung ist in euer beider Interesse. Tritt vielleicht schon vor dem Mutterschutz etwas kürzer, wenn du die Zeit brauchst und es dir leisten kannst. Es bringt nichts, wenn du während der Arbeitszeit von Schwangerschaftsthemen abgelenkt bist, weil du außerhalb der Arbeit keine Energie hast, dich mit ihnen zu beschäftigen.

Stoße Veränderung an, und solltest du auf taube Ohren stoßen: Lasse dich für ein, zwei Tage krankschreiben. Ohne schlechtes Gewissen!

Überfordere ich meinen Körper, indem ich einfach mit meinem Sport weitermache wie vorher?

Dein Körpergefühl und auch die Gesundheit deines ungeborenen Kindes wird von sportlicher Betätigung während der Schwangerschaft sehr profitieren. Doch die Frage, ob du deinen Körper überforderst, indem du einfach so weitermachst wie zuvor, ist berechtigt und hängt immer davon ab, was du vorher sportlich alles gemacht hast.

Dein Körper darf in der Schwangerschaft ruhig belastet werden, jedoch sollten gewisse Vorsichtsmaßnahmen getroffen werden, um sowohl dich als auch dein Baby nicht zu gefährden. Beschäftige dich entweder selbst intensiv mit der Intensität des Trainings und der richtigen Haltung während der Schwangerschaft oder lasse dich von Expert*innen beraten und vielleicht sogar bei den Sporteinheiten betreuen.

Nicht alle Sportarten und Trainingsgeräte sind nun für dich geeignet. Du wirst wahrscheinlich mehr Pausen benötigen und solltest darauf achten, deine körperlichen Grenzen nicht zu überschreiten. Lerne die Signale deines neuen Körpers kennen!

Stoppe dein Training nicht, sondern bespreche mit deinem oder deiner Frauenärzt*in und deiner Hebamme, was weiterhin möglich ist. Indem du verantwortungsbewusst trainierst und auf die körperlichen Bedürfnisse während der Schwangerschaft achtest, kannst du weiterhin von den positiven Auswirkungen von Bewegung profitieren.

Für dein Körpergefühl während der Schwangerschaft ist Sport wirklich toll, und auch deine mentale Stärke kann durch ihn profitieren – lebe dich (rücksichtsvoll) sportlich aus!

Darf ich meine Essgewohnheiten beibehalten?

Solltest du bisher ausgewogen gegessen haben, musst du nicht viel verändern – bis auf die ärztlichen Empfehlungen selbstverständlich.

Deine Ernährung schlagartig komplett umzustellen, kann deinen Körper stressen – finde einen Essensplan, mit dem du dich wohlfühlst und deiner Schwangerschaft etwas Gutes tust. Nicht jede Mahlzeit muss perfekt ausgewogen und gesund sein, aber im Großen und Ganzen schon. Dein Körper muss Höchstleistung erbringen und benötigt Energie.

Trinke ausreichend Wasser und integriere Gemüse und Obst in deine Ernährung. Sei achtsam mit Kohlenhydraten, iss nicht zu viel Süßes. Finde gesündere Alternativen für Ungesundes, aber sei nicht zu dogmatisch.

Ich empfehle an meine Schwangeren immer sehr gerne die Kochbücher von Laura Koerver oder »Das Mama-Kochbuch« von Hannah Schmitz.

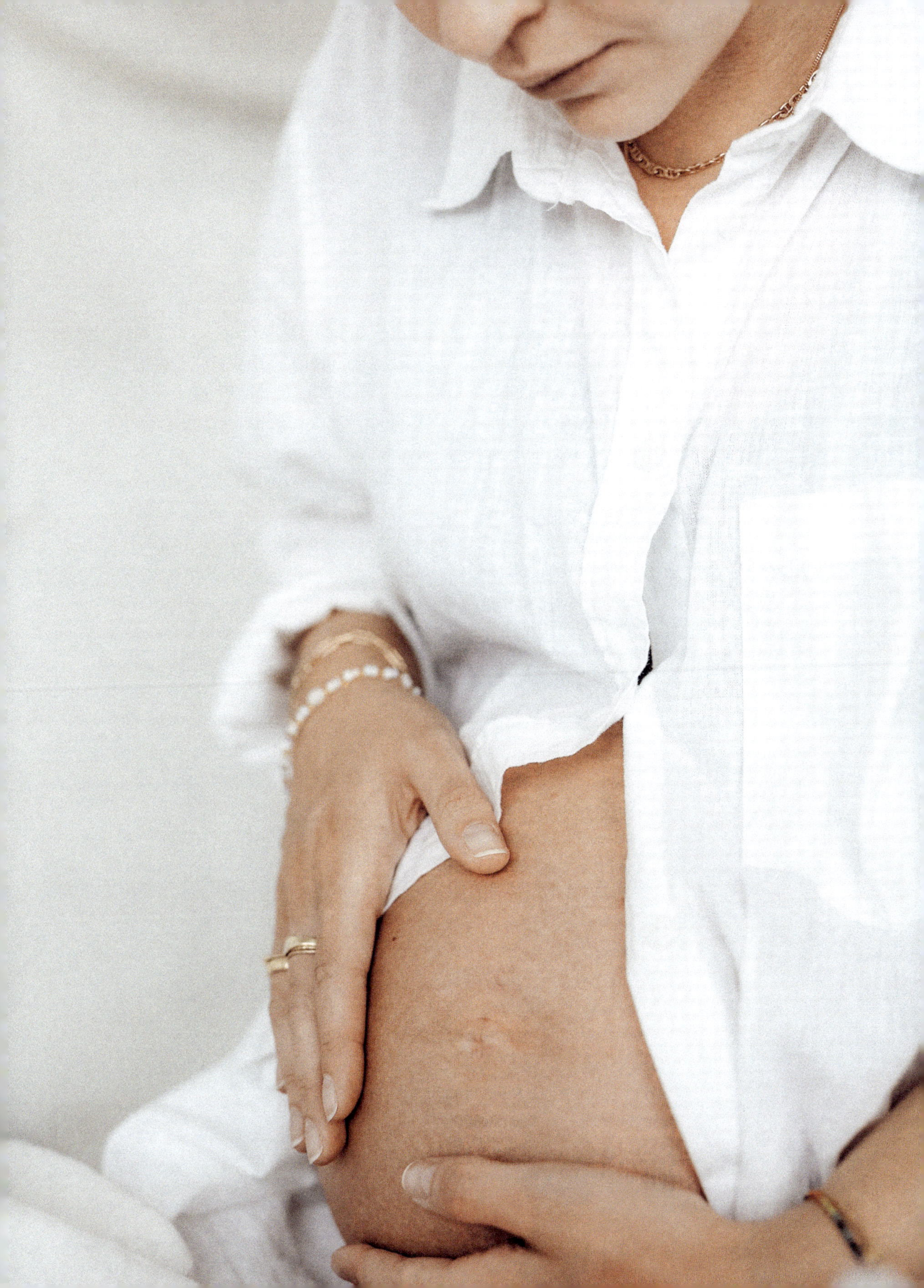

Wieso spiegelt mein Umfeld meine Freude nicht wider?

Wenn dein Umfeld deine Schwangerschaft als Fehler ansieht, tut das sehr weh. Vielleicht sorgen sich die Menschen um dich herum auch, was zunächst eine positive Intension vermuten lässt. Doch schadet das Verhalten dir und deiner Gefühlswelt, wurde eine Grenze überschritten. Das Umfeld muss die Schwangerschaft nicht zwingend gutheißen, aber trotzdem wertschätzend an deiner Seite sein.

Sind dir diese Menschen wichtig, dann kommuniziere, wie ihr Verhalten bei dir ankommt. Sollten sie nichts an ihrem Verhalten ändern, ist es vielleicht an der Zeit, über die Bedeutung der Freundschaft nachzudenken.

Gleiches gilt für den Umgang mit entfernten Bekannten, die nichts Positives zu sagen haben. Diese negative Energie brauchst du nicht in deinem Leben.

Es ist dein Weg, für den du dich entschieden hast. Bleib bei dir und gib deine Freude nicht auf.

Ist Intimität während der Schwangerschaft erlaubt?

Du solltest auf jeden Fall den Mut haben, genau diese Frage bei deinem nächsten frauenärztlichen Termin zu stellen!

In einer regulären Schwangerschaft darfst du selbstverständlich ein Sexleben haben, und dein*e Ärzt*in kann dir das Sicherheitsgefühl schenken, das dir fehlt, wenn du vielleicht durch Ängste blockiert bist.

Es braucht meistens ein wenig Zeit, um im neuen Intimleben anzukommen. Lerne dich und lernt euch körperlich neu kennen, und wer weiß, vielleicht wird es sogar noch inniger?

Während der Schwangerschaft müsst ihr euch keine Gedanken um die Verhütung machen oder bangen, dass es nun endlich klappt während des Eisprungs. Nutzt das aus und erkennt die Freiheit! Eure Bindung wird durch Intimität gestärkt, was großartig für die Schwangerschaft und auch euer Ungeborenes ist.

Solltest du als Schwangere keine Lust empfinden und Sex eher aus Pflicht haben, ist das für niemanden ein schönes Gefühl. Ihr solltet beide Spaß haben und euch wohlfühlen. Dränge dich selbst nicht dazu, nur, um deinem Partner oder deiner Partnerin einen Gefallen zu tun.

Sprecht miteinander und findet heraus, welche Berührungen euch beiden Lust auf mehr machen.

Wie gehe ich damit um, wenn das Kind nicht mein Wunsch-Geschlecht hat?

In solchen Momenten ist es wichtig, dass du dir selbst die Zeit zugestehst, diese unerwartete Information zu verarbeiten.

Mache nach dem Ultraschalltermin am besten einen Spaziergang allein, schau dich um. Um dich herum wirst du Familien mit Jungs und Mädchen sehen. Sieh, wie sehr sie einfach nur Kind sind. Ganz egal, welches Geschlecht sie haben. Geh in ein Babykleidungsgeschäft und betrachte die Kleidung für Jungen und Mädchen – sind sie nicht alle süß? Möchtest du nicht am liebsten sofort das erste Teil für dein Baby kaufen? Tu es!

Es kann auch hilfreich sein, dich mit einer Freundin auszutauschen, die ein Kind desselben Geschlechts hat, das du erwartest. Höre dir ihre Tipps an und tauche ein wenig in ihre Familienwelt ein.

Es ist wichtig zu verstehen, dass Enttäuschung in solchen Momenten nicht verwerflich ist und dass du dir deswegen keine Vorwürfe machen solltest. Deine Gefühle sind gültig, und es ist okay, sie zu haben.

Ich versichere dir jedoch, dass, wenn das Baby Teil deiner kleinen Familie ist, das Geschlecht keine Rolle mehr spielen wird. Die bedingungslose Liebe, die du für dein Kind empfinden wirst, wird alle anderen Gedanken überlagern. Auch wenn das Gefühl der Enttäuschung nicht sofort mit der Geburt verschwinden mag, sei dir sicher, dass es mit der Zeit verblassen wird.

Es ist wichtig, über deine Gefühle mit vertrauten Personen zu sprechen. Oft liegt der Ursprung deiner Enttäuschung in Unsicherheiten und Ängsten. Diese werden sich mit der Zeit legen, bis du dir schließlich gar nicht mehr vorstellen kannst, dir jemals ein anderes Kind gewünscht zu haben.

Mache dir auch im Nachhinein deswegen keine Vorwürfe: Diese Gedanken haben unglaublich viele Mütter und auch Väter. Es traut sich nur kaum jemand, sie auszusprechen.

Sind das die Hormone oder bin das immer noch ich?

Vielleicht spiegelt dir deine Außenwelt wider, dass du nun nicht mehr die Person bist, die du vor der Schwangerschaft warst, sondern viel sensibler und irgendwie anders. Vielleicht sprichst du nun nur noch über Babys und Erziehungsmethoden?

Höre bitte nicht nur die negative Tonspur. Du bist immer noch du – eine Version, die du in den Monaten deiner Schwangerschaft kennenlernen wirst.

Deine Hormone sind nicht gegen dich, sie sind ein Teil von dir. Sie leisten für die Schwangerschaft Großartiges! Dein Hormonhaushalt passt sich ständig den Bedürfnissen deines Körpers an, und ist nun einfach Teil eines Prozesses, in dem du dich befindest. Dieser Prozess gehört zu dir, und ich habe eine Bitte an dich: Akzeptiere die Veränderung.

Deine Gedanken kreisen nun um andere Themen als vor deiner Schwangerschaft. Dein Körper erbringt momentan seine Höchstleistung und verändert sich nicht nur hormonell, sondern auch optisch.

Du darfst unsicher sein in deiner neuen Realität – das ist ganz normal. Schenke dir selbst Fürsorge und vor allem die Zeit, dein neues Ich, das im Kern immer noch das gleiche ist, anzunehmen und zu lieben.

Ich empfehle dir, deinem Körper und Geist regelmäßig eine Auszeit und gleichzeitig eine neue Herausforderung zu geben, um intensiv in dich hineinzufühlen.

Mache beispielsweise einen Spaziergang durch den Wald. Du musst keine zehntausend Schritte laufen, aber wenn dein Körper es mitmacht, fordere ihn ein wenig und vertraue auf seine Stärke. Er wird dir in den kommenden Monaten beweisen, was in ihm steckt!

Setze dich während des Spaziergangs auf einen Baumstumpf oder lehne dich einen Moment an. Schließe die Augen und lausche deiner Umgebung. Lasse das leise Rauschen des

Windes, das Plätschern des Baches oder das Rascheln des Laubes zu, während du deine Sorgen und Ängste in die Ruhepause schickst. Diese Zeit im Wald gehört der inneren Ruhe und der Stärke deines Körpers. Allem anderen widmest du dich noch – nur nicht in diesen Momenten mit dir.

Die hormonelle Veränderung lässt sich nicht vermeiden, doch du kannst deinem Körper mit einer ausgewogenen Ernährung helfen, nicht zu sehr aus dem Gleichgewicht zu geraten. Trinke genug Wasser, habe immer einen Vorrat an energiebringenden Snacks (wie beispielsweise leckere Energiebällchen) und verbiete dir nicht zu viel. Ein leckeres Eis in der Sonne oder eine Rippe Schokolade, während du deine Beine hochlegst, tun dir gut!

ENERGIEBÄLLCHEN MIT HONIG

Die Menge ergibt circa 15 Bällchen.

Zutaten:

- 125 g Cashewkerne
- 60 g Kürbiskerne
- 1 EL Chiasamen
- 100 g Datteln (entsteint)
- 1 EL Honig
- 2 TL Mandelmus
- 1 TL dunkles Kakaopulver
- 1 Prise Meersalz

Zubereitung:

Die Cashewkerne, Kürbiskerne und Chiasamen mit der Küchenmaschine zerkleinern, bis sie eine Art grobes Mehl ergeben.

Datteln, Honig, Mandelmus, Kakao und Salz hinzufügen und gut mixen. Du solltest eine klebrige, glatte Masse erreichen, bevor du beginnst, die Energiebällchen zu formen.

Du kannst natürlich selbst entscheiden, wie groß deine Bällchen sein sollen, ich würde circa zwei TL voll empfehlen.

Sobald alle Energiebällchen gerollt sind, gib sie in einer Dose für circa eine Stunde in den Gefrierschrank. Danach sind sie schön fest und können im Kühlschrank aufbewahrt werden.

So ein toller und energiegeladener Snack für die Schwangerschaft, das Wochenbett und einfach so zwischendurch!

Kith

Vorbereitung aufs Familienleben

Die Geburt rückt näher, und es gibt noch so viel zu tun, bevor der kleine Schatz kommt.

So überwältigend viel ist es gar nicht, wenn ihr euch selbst den Druck nehmt, alles auf einmal tun zu wollen. Ihr habt noch Zeit, müsst nicht übervorbereitet sein, und in eurem Leben habt ihr ganz sicher auch großartige Menschen, die euch so gerne bei der Vorbereitung unterstützen.

Genießt diesen Teil der Schwangerschaft, er steckt voller Vorfreude!

Wann beginne ich mit der Kita-Suche?

Zum frühestmöglichen Zeitpunkt! Es ist mittlerweile vor allem in Großstädten so schwer, einen Kita-Platz zu finden, dass man schon in der Schwangerschaft mit der Suche beginnen sollte.

Schaue dir lieber fünf Kitas mehr an, als dir lieb ist. Besser, du hast nachher die Auswahl und kannst absagen, als ohne passende Betreuung dazustehen, wenn du sie in Anspruch nehmen möchtest.

Trotz der Sorge, eine Kita zu finden, solltest du immer auf dein Bauchgefühl hören. Dort, wo du dich wohlfühlst und wo dir das Klima und die Atmosphäre gefällt, dort soll dein Kind später seinen Platz finden.

Wie finde ich eine Hebamme, die zu mir und meiner Familie passt?

Vereinbare Kennenlerntermine mit mindestens zwei Hebammen, die auf dem Papier zu dir passen. Im persönlichen Gespräch tastet ihr dann Zwischenmenschliches ab und prüft, ob eure fachlichen Wünsche und Anforderungen übereinstimmen.

Klopfe ab, ob deine Hebamme auch offen dafür ist, auf dich und deine Bedürfnisse einzugehen. Hat sie eine andere Einstellung als du, ist sie nicht die richtige für dich und deine Schwangerschaft.

Auch emotional solltest du Vertrauen haben, damit das, was dir auf dem Herzen liegt, nicht ungefragt bleibt. Deine Hebamme ist dein Fels in der Brandung, deine Quelle für Wissen und Sicherheit.

HEBAMMEN-LEISTUNG

Folgende Hebammen-Leistungen gibt es in Deutschland:

Freiberufliche Hebammen
Unabhängig vom Geburtsort kümmert sich die freiberufliche Hebamme in der Schwangerschaft, während des Wochenbetts und der Stillzeit um dich als Mama, um dein Kind und euer junges Familienleben.

Nicht alle freiberuflichen Hebammen haben die Möglichkeit, dich bei der Geburt zu begleiten. Kläre also rechtzeitig ab, ob du deine eigene freiberufliche Wunsch-Hebamme mit in die Klinik bringen kannst. Oft kann dir die Hebamme beim ersten Kennenlernen schon eine Auskunft darüber geben und zeigt dir die Wege auf, wie ihr gemeinsam die Geburt meistern werdet.

Einige freiberufliche Hebammen bieten auch Geburtsvorbereitungskurse an, das ist jedoch nicht immer der Fall. Der Hebammenmangel führt leider dazu, dass dies nicht immer in einer Eins-zu-eins-Betreuung geleistet werden kann. Alternativ sind Gruppenkurse sehr empfehlenswert!

Beleghebammen
Auch diese Hebammen sind grundsätzlich freiberufliche Hebammen, mit dem Unterschied, dass sie mit einem oder mehreren Geburtsorten einen Vertrag haben. Das bedeutet, dass sie sich mit dir in einen Kreißsaal einbuchen und dich auch während der Geburt begleiten.

Beleghebammen sind circa drei Wochen rund um den Geburtstermin in Rufbereitschaft. Fallen zwei Geburten in einen engen Zeitraum, haben Beleghebammen häufig ein Backup, damit die Schwangeren sicher betreut sind. Ist es dann so weit, trifft sich die Beleghebamme in der Klinik oder bereits zu Hause mit der Schwangeren.

Dieses Modell ist in einigen Städten sehr gebräuchlich, in anderen eher die

Ausnahme. In jedem Fall sind Beleghebammen rar und sollten aufgrund des Hebammenmangels bereits sehr früh in der Schwangerschaft gesucht werden.

Oft haben Beleghebammen ebenfalls eine eigene Praxis, in denen sie Kurse für die Schwangerschaft und darüber hinaus anbieten. Auch die Beleghebamme betreut dich von der Schwangerschaft bis ins Familienleben – solange du sie brauchst.

Klinikhebammen

Anders als freiberufliche und Beleghebammen sind Klinikhebammen fest an einem Krankenhaus beschäftigt und betreuen die Vor- und Nachsorge zu Hause in der Regel nicht.

Zu ihren Hauptaufgaben gehört die stationäre Betreuung der Schwangeren und die Geburtshilfe im Kreißsaal. Klinikgebundene Kurse werden zusätzlich durch sie betreut. Hat das Krankenhaus beispielsweise ein eigenes Schwimmbad, kann es gut sein, dass du deine Klinikhebamme bereits beim Schwangerenschwimmen kennenlernst. In der Regel kann man sich seine Klinikhebamme nicht aussuchen, doch mit etwas Glück kennt ihr euch dann im Kreißsaal bereits! Es ist möglich, dass deine Klinikhebamme während deines Aufenthaltes wechselt, wenn beispielsweise ihre Schicht endet und eine andere Kollegin nun an ihrer Stelle übernimmt. In jedem Fall ist gesichert, dass die Klinikgeburt von einer Hebamme begleitet wird.

Für den traurigen Fall, dass einem Kind während der Schwangerschaft etwas zustoßen sollte oder die Schwangerschaft frühzeitig abbricht, steht den Frauen weiterhin eine Hebamme zu. Es gibt spezielle Trauerhebammen, aber auch »normale« Hebammen sind mit diesen Situationen vertraut und helfen, wie und wo sie nur können, um Familien in dieser Situation zu stützen. Zusätzlich helfen Vereine und Organisationen bei der Verarbeitung (siehe S. 250).

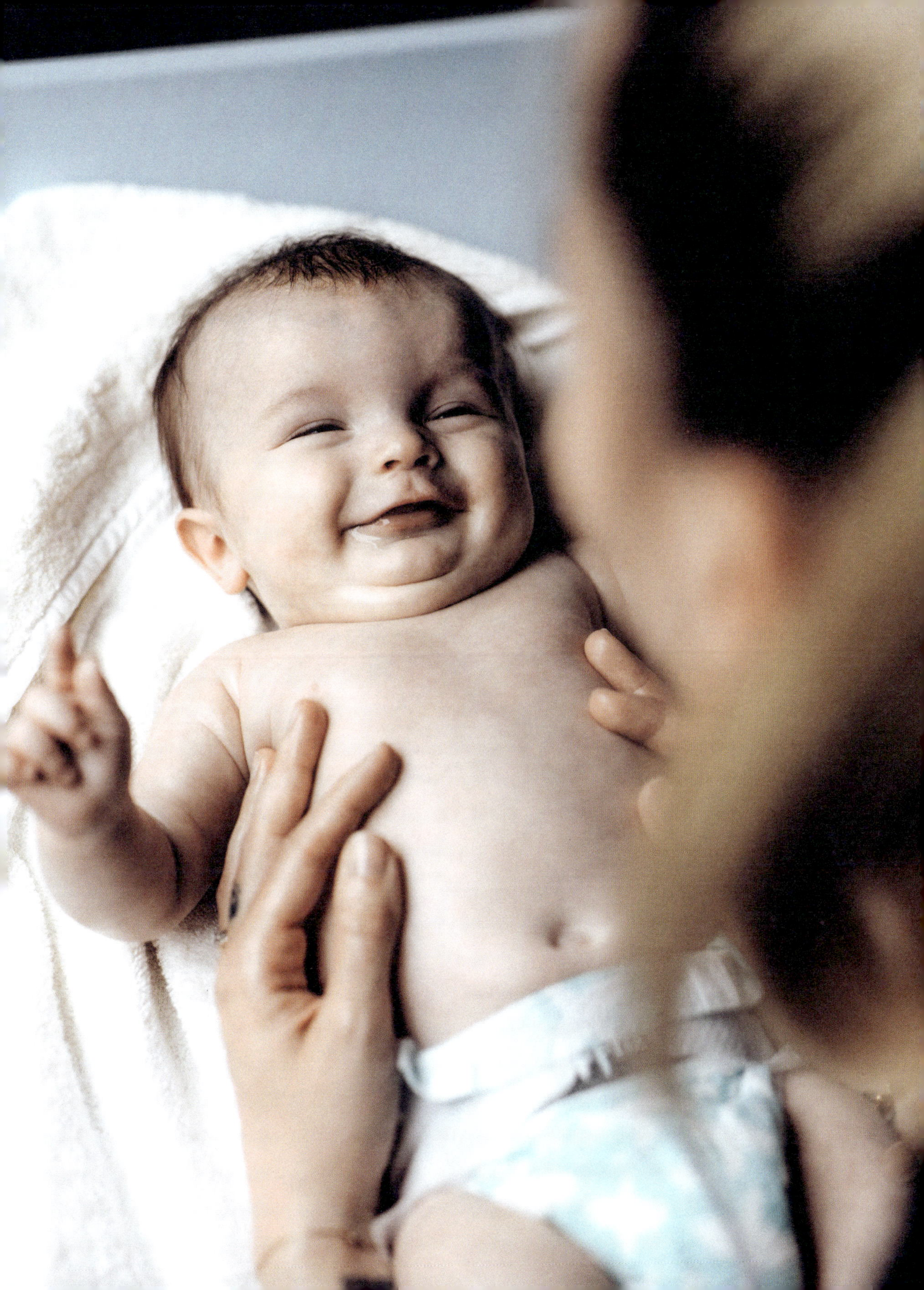

Im Interview: DIE HEBAMME

Ich bin **FRANZISKA FLEISCH** und arbeite seit zwanzig Jahren als Hebamme in Düsseldorf. Meine Karriere startete in der Uniklinik als fest angestellte Hebamme, ich habe aber nebenbei schon immer viel zusätzliche Schwangerschaftsbetreuung und Nachsorge gemacht. Nach der Geburt meiner zweiten Tochter vor sechs Jahren habe ich dann den Weg in die komplette Selbstständigkeit gewagt und führe nun meine eigene Praxis im Familieninstitut Heike vom Heede.

Ab wann sollte ich auf Hebammensuche gehen?

Starte spätestens in der sechsten bis siebten Schwangerschaftswoche mit der Hebammensuche. Solltest du erst später von deiner Schwangerschaft erfahren, starte schnellstmöglich. Hebammen sind oft ausgebucht, weil das Berufsprofil und der Verdienst den beruflichen Nachwuchs nicht unbedingt fördern. Indem du früh mit der Suche startest, nimmst du dir die Angst, später ohne dazustehen.

Je früher du beginnst, desto mehr Zeit kannst du dir außerdem bei der Wahl lassen und jemanden finden, der wirklich zu dir passt.

Welche Fragen sollte ich mir bei der Hebammensuche stellen?

Kannst du dir vorstellen, Tipps und Ratschläge von dieser Person anzunehmen? Kannst du dich mit dem Konzept der Hebamme identifizieren und wohlfühlen?

Hebammen arbeiten unterschiedlich, lasse dir ihre jeweilige Philosophie erklären.

Überlege dir gut, ob die Chemie zwischen euch stimmt: Kann ich mich in den Händen der Hebamme fallen lassen? Fühle ich mich so wohl wie möglich bei dem Gedanken, dass diese Person mich in meiner wohl intimsten Zeit begleiten wird und auch körperlich mit mir in Kontakt treten wird?

Wie lange betreut die Hebamme?
In der Regel ab der sechsten Schwangerschaftswoche bis zur zwölften Lebenswoche des Kindes sehr regelmäßig, aber auch weit darüber hinaus immer mal wieder. Je nachdem, wie sehr die Unterstützung von der Familie gewünscht ist.

Nach der Entbindung wird die junge Familie bis zum Verlassen der Klinik täglich telefonisch betreut. Auch ein persönlicher Besuch ist möglich und kann Sicherheit vermitteln – das sollte nur vorher festgelegt werden. In den Kliniken gibt es so viele Menschen und Meinungen, da ist die bekannte Hebamme die Stimme, an der man sich festhalten kann.

Auch nach den ersten Wochen zu Hause sind wir Hebammen erreichbar. Wir helfen bei Fragen zum Abstillen, zur Beikost und bei allem, was den Müttern auf dem Herzen liegt. Das kann auch nach einem Jahr noch sein!

Als Hebamme finde ich es schön, auch nach Jahren noch von den Familien zu hören, die ich ins Leben begleitet habe.

Welche Themen deckt eine Hebamme ab?
Medizinisch engagiert sich eine Hebamme außerhalb der praktischen Geburtshilfe in Fragen der Schwangeren-Vor- und Nachsorge. Dazu gehört die Betreuung von Mutter und Säugling im Wochenbett, die Beratung zu Stillen, Rückbildung, Ernährung und vieles mehr. Aber natürlich deckt die Hebamme auch die emotionalen, pragmatischen und organisatorischen Themen ab.

Amtsgänge, Wahl der Klinik oder Geburtsort, Schreiben von Einkaufslisten, Tipps für Equipment, Einrichtung. Aber auch Ängste, Halt, Fachwissen zur Geburtsvorbereitung, Schritt zurück in den Beruf – wir sind das Rundumpaket.

Mit meiner eigenen Mutterschaft wurde mir erst richtig bewusst, welche Ehre uns Hebammen zuteilwird, Familien auf diesem so besonderen Weg begleiten zu dürfen. Wir erleben die intimsten Momente, dürfen das größte Glück miterleben und sind ein wichtiger Halt bei Unsicherheit.

Der Hebammenberuf ist ein herausfordernder, doch er ist unglaublich wichtig und emotional belohnend.

Wie und wann entscheide ich, wo mein Baby zur Welt kommen soll?

Bis zur 35. Schwangerschaftswoche sollte die Geburt meiner Meinung nach angemeldet sein. Vorher gilt es, unterschiedliche Kliniken anzuschauen und zu entscheiden, was einem wichtig ist.

Ich rate auch trotz einer vorherigen Tendenz, sich beispielsweise eine große und kleine Klinik anzuschauen, um den Unterschied mitzuerleben und nach dem Bauchgefühl gehen zu können.

Ein Hebammen-Tipp: Im großen und kleinen Haus anmelden und in dem Moment, in dem es losgeht, entscheiden, wohin es gehen soll.

Fällt es dir schwer, dich am Ende der Nachsorgezeit zu verabschieden?

Diesen großen Abschied gibt es bei mir gar nicht. In der Regel habe ich sehr lange mit den Familien zu tun und bin immer wieder hier und dort in Kontakt.

Das liegt wohl daran, dass mich meine Familien ausschließlich über Weiterempfehlungen finden. Die Verbindung ist direkt eine persönlichere, weil ich immer schon jemanden im direkten Umfeld kenne.

Ich bin sehr dankbar darum, denn ein kompletter Abschied nach einer so intensiven Betreuung würde mir sicherlich schwerfallen.

Was ist wichtig bei der Wahl des Kinderarztes / der Kinderärztin?

Kinderärzt*innen begleiten Familien, wenn der Wohnort nicht gewechselt wird, circa vierzehn bis achtzehn Jahre lang. Je nachdem, wie früh das Kind zum »normalen« Hausarzt wechselt. Die Wahl sollte also nicht willkürlich, sondern bedacht fallen.

Wichtige Faktoren bei der Wahl sind die Lage der Praxis, die ärztliche Kompetenz, aber auch, ob die Person sympathisch und vertrauensvoll erscheint und ein Gefühl von Sicherheit ausstrahlt. Wie bei der Hebammensuche rate ich, verschiedene Praxen anzuschauen, unterschiedliche Ansätze anzuhören und auch einer Praxis die Chance zu geben, die nicht unbedingt fußläufig erreichbar ist. Zu weit weg sollte sie aber natürlich auch nicht sein.

Was die Kompetenz angeht, musst man sich auf Erfahrungsberichte anderer verlassen – es sei denn, man ist selbst im medizinischen Bereich tätig. Sobald die Wahl gefallen ist, ist es wichtig, die Kompetenz zu akzeptieren und nicht aus Unsicherheit oder Angstgefühl zu zweifeln. Bist du während einer Untersuchung an deinem Kind beispielsweise unruhig und hinterfragst die Notwendigkeit, vermittelst du deinem Kind, dass das, was der Arzt oder die Ärztin tut, nicht richtig ist. Lebe Sicherheit vor und sei ein Team mit der Praxis!

Bleibt dein Unsicherheitsgefühl, bist du eventuell nicht von der ärztlichen Kompetenz überzeugt, und es wird Zeit, dich erneut auf die Suche zu begeben.

Wieso sollte Sympathie auch mit in die Entscheidung einfließen? Dein Kind wird lange Jahre immer wieder in diese Praxis kommen und soll sie nicht mit Angst oder Unbehagen betreten. Ich freue mich immer, wenn das ärztliche Personal auch aufs Kind eingeht, je nach Alter spielerisch agiert und sich auch außerhalb der Behandlung in einem angemessenen Rahmen für die Persönlichkeit des Kindes interessiert. Das trägt zu einer →

lockeren Atmosphäre bei, in der das Kind sicher und gerne ist.

Schreibt euch als Eltern vorher gemeinsam auf, welche Fragen ihr bei der Auswahl der Praxis beantwortet haben möchtet.

- Gibt es einen Babyraum?
- Sind Hausbesuche möglich?
- Wie sind die Erreichbarkeiten außerhalb der Praxiszeiten?

Um nur ein paar wenige zu nennen. Ähnlich wie bei der Hebammensuche solltet ihr euch auch hier im Klaren sein, dass Kinderärzt*innen mit den unterschiedlichsten Philosophien ihren Job richtig und mit dem Kindeswohl an erster Stelle ausführen. Ob die Arbeitsmethode und Philosophie zu euch und euren Vorstellungen passt, ist dann eine individuelle Entscheidung, die nur ihr selbst für eure Familie treffen könnt.

Bei der Besichtigung sollen direkt beide Elternteile oder eine weitere Bezugsperson anwesend sein. Die Wahl und auch die regulären Untersuchungen sind im Idealfall nämlich nicht nur die Verantwortung eines Elternteils. Mehr als eine Person soll im Notfall wissen, was zu tun ist und wohin es geht.

Habt ihr euch gemeinsam für diese Praxis entschieden, besteht ein gemeinsames Verständnis darüber, wieso der Arzt oder die Ärztin dieses oder jenes als Behandlung empfiehlt.

Ist nur eine Person für die ärztlichen Besuche verantwortlich, kann es erfahrungsgemäß dazu führen, dass der andere Elternteil beispielsweise hinterfragt, wieso nun keine Tabletten verschrieben wurden. Spielt nicht Pingpong mit eurer gegenseitigen Meinung, was im Krankheitsfall zu tun ist. Seid ein Team und hört auf die Empfehlung der Expert*innen, für die ihr euch beide entschieden habt.

Ist mit Zwillingen wirklich alles doppelt so schwer?

Das Wichtigste zuerst: Herzlichen Glückwunsch zu dieser besonderen Schwangerschaft!

Klar ist das auch ein bisschen beängstigend, aber du schaffst das. Glaube an dich! Höre nicht auf die Stimmen, die dir einreden wollen, dass es nur anstrengend ist. Ich kann dir aus Erfahrung sagen, dass es natürlich mit mehr Kraftaufwand verbunden ist, zwei kleine Wunder im Bauch zu tragen und großzuziehen, aber Zwillinge sind so eine Bereicherung. Es ist mir jedes Mal eine Freude, Zwillingsfamilien ins Leben begleiten zu dürfen.

Zwei Kinder bedeuten mehr Anstrengung und gleichzeitig auch mehr Freiheit, weil sie sich gegenseitig haben. Zwillinge entdecken sich gegenseitig und sind sofort Bezugspersonen →

füreinander, die ein Stückchen Zuhause in sich tragen.

Wende dich in der Schwangerschaft an eine Hebamme, die auf Zwillingsschwangerschaften und -geburten spezialisiert ist. Sie kann dir sagen, wie du auch zwei Babys stillen kannst oder welches Equipment im Vergleich zur »normalen« Schwangerschaft fällig wird. Besonders in den ersten Lebensmonaten brauchst du nicht alles doppelt!

Lege die Zwillinge zusammen in ein Bettchen und auch in einen Kinderwagen – so haben sie sich in dir auch am wohlsten gefühlt. Lasse das Wickeln auf der Wickelkommode aus, wenn ihr als Eltern in den ersten Monaten nicht immer zu zweit vor Ort sein könnt. Lege stattdessen die Wickelauflage auf den Boden und habe den zweiten Zwilling auf einer Decke daneben liegen – sicher ist sicher.

Ich finde es schön, Zwillingen von Anfang an ihre Individualität zu lassen. Natürlich kennt ihr euch noch nicht lange, und die Charakterzüge kommen erst nach und nach durch. Mit unterschiedlicher Kleidung wird sofort signalisiert, dass du Lust hast, zwei auf ihre Art wundervolle Kinder großzuziehen!

Welche Kurse sollte ich unbedingt besuchen, und welche sind zusätzlich empfehlenswert?

Es gibt mittlerweile ein riesiges Angebot an Kursen. In der Gruppe oder allein. Anonym oder persönlich. Online oder in Präsenz. Da verstehe ich schon, wenn man nicht genau weiß, was wirklich essentiell ist. Generell empfehle ich, so viele Kurse zu besuchen, wie du oder ihr als werdende Eltern möchtet.

Muss-Kurse sind in meinen Augen: Kinder-Erste-Hilfe-Kurs, mein Eltern-werden-Kurs, Geburtsvorbereitung und Schwangerschaftsyoga (siehe S. 249).

Solltest du dich darüber hinaus mit speziellen Geburtstechniken vertraut machen oder noch intensiver in verschiedene Themen eintauchen wollen, kannst du zusätzlich zu den Kursen Fachliteratur lesen, entsprechenden Social-Media-Accounts folgen oder dich durch Podcasts informieren.

Bitte überfordere dich nicht. Solange du die Basics belegst, bist du schon gut vorbereitet!

Wann beginne ich mit den Anschaffungen?

Starte ab der zwölften Woche damit, dich umzuschauen und herauszufinden, was dir gefällt. Scrolle durch Onlineshops, schlendere durch Läden und habe noch nicht die Absicht, nun die perfekte Ausstattung finden zu müssen. Sieh es als einen Spaziergang durch die Anschaffungswelt für das Baby an und tut dies gerne auch schon als Familie. Lasst euch kompetent beraten und nehmt den Input mit nach Hause. Das schafft Vorfreude!

Zwischen der zwanzigsten und dreißigsten Schwangerschaftswoche wird es dann konkret, und die Recherche wird dingfest gemacht.

Du kannst auch in der 32. Woche erst anfangen, doch beachte, dass beispielsweise Kinderwagen oder Autositze womöglich eine längere Lieferfrist haben.

Meine Empfehlung: Schreibe dir direkt deine Favoriten auf, auch wenn du sie noch nicht kaufst. Solltest du beispielsweise früher als geplant nicht mehr fit genug fürs Shopping sein, kannst du dieses To-do ganz sortiert auslagern.

Lasse außerdem ein paar Käufe offen und erstelle eine Liste mit konkreten Produkten, die du an deine Familie und Freund*innen weiterleiten kannst. So nimmst du ihnen den Druck, ein passendes Geschenk zu finden, und du selbst erhältst dann etwas, das auch zu dir und deiner kleinen Familie passt.

Was muss für das Baby da sein, wenn es das erste Mal nach Hause kommt?

Ihr müsst nicht von Anfang an komplett ausgestattet sein, aber es ist besonders für neue Eltern schön, eine kleine Auswahl zu haben und zu lernen, was für eure Routine und euren kleinen Schatz funktioniert.

CHECKLISTE BABYKLEIDUNG

- 2 Bodys aus Seide und Wolle
- 6 Langarm-Baumwoll-Bodys
- 2 Leggings aus Seide und Wolle
- 2–3 Baumwoll-Leggings
- 2–3 Paar Babystrümpfe
- 1–2 »schicke« Outfits
- 1 Jäckchen aus Wolle oder Baumwolle (je nach Jahreszeit)
- Erstlingsmützchen
- wärmeres Mützchen für den ersten Spaziergang
- 1–2 Sonnen-Caps
- Für die Heimfahrt: Pullover, Hose und Jäckchen aus Merinowolle

Folgende Bekleidungs-Marken sind eine echte Herzensempfehlung: Strickgut, Alvi, Famvibes, Lille Toni, Alana, Engel.

→

→ Was muss für das Baby da sein, wenn es das erste Mal nach Hause kommt?

Die unterste Kleidungsschicht sichert immer die Körpertemperatur des Neugeborenen. Auch im Hochsommer ist es die schwerste Aufgabe für dein Baby, nach den kuscheligen Monaten im Bauch die eigene Temperatur zu halten. Im Hochsommer ist zusätzlich immer darauf zu achten, dass dein Schatz nicht überhitzt. Das »Entlüften« funktioniert super über den Kopf, die Hände und die nackigen Füßchen.

Auch wenn ein Baby im ersten Lebensjahr circa drei Kleidergrößen durchwächst, sollte niemals an der Qualität der Kleidung gespart werden. Ein hoher Preis ist kein Beweis für eine gute Qualität. Informiere dich unbedingt über das Material und die Verarbeitung der Babykleidung. Keine Synthetik! Lieber weniger, aber dafür hochwertig. Die Haut deines kleinen Schatzes ist sehr empfindlich und muss geschützt werden.

Statt von allen Seiten Kisten voller Babykleidung entgegenzunehmen, triff eine Auswahl, bei der du auf die Qualität und auch darauf achtest, dass nicht zu viele Knöpfchen an der Kleidung sind. Dein Zuhause soll keine Sammelstelle für die abgelegten Kleidungsstücke aus deinem Umfeld sein. Natürlich ist bereits Getragenes super, auch mit Blick auf den Geldbeutel. In Secondhandläden einzukaufen ist nachhaltig, und die Auswahl für Schwangere und Babys ist dort oft sehr schön und hochwertig.

Sollten deine Familie und Freunde zur Geburt jedoch ein bisschen was zusammenlegen wollen, wünsche dir ein Kaschmirteil für den Winter. Dieses Teil darf dann die absolute Wohlfühlkleidung für dein Baby sein.

Das erste Outfit sollte immer von euch Eltern kommen. Schenkt euch diesen wunderschönen Meilenstein! Es ist nicht schlimm, wenn die Kleidung nur einige Wochen passt, die Erinnerung daran bleibt. Wichtig ist dabei nicht so sehr, dass es hauptsächlich für Fotos süß aussieht, sondern vor allem, dass es leicht an- und auszuziehen ist. Der Einkleidungs-Prozess ist neu und anstrengend für das Baby und auch für euch und sollte durch die Kleidung so einfach wie möglich gemacht werden.

CHECKLISTE AUSSTATTUNG

- ◯ Autositz
- ◯ Kinderwagen
- ◯ Trage oder Tragetuch
- ◯ Wickelkommode
- ◯ Wickelauflage
- ◯ 2–3 Packungen Erstlingswindeln
- ◯ Wärmestrahler
- ◯ 2 Badetücher
- ◯ Dünne Waschlappen
- ◯ Badeschale
- ◯ Wundschutzcreme
- ◯ Milchpumpe
- ◯ Stillhütchen und Stilleinlagen
- ◯ Stilllampe
- ◯ Stillkissen
- ◯ 2 kleine Fläschchen
- ◯ Flaschenwärmer
- ◯ Babybettchen oder Beistellbett
- ◯ 2 Spannbettlaken
- ◯ Nestchen
- ◯ Schlafsack, *bspw. mein Heike-Alvi-Schlafsack*
- ◯ 2 Schnuller (nur für den Fall, dass dein Baby einen starken Saugdrang hat)
- ◯ Babydecke aus Merinowolle, Baumwolle oder Kaschmir
- ◯ 5–10 Spucktücher
- ◯ 2–4 große Mulltücher

→

→ Was muss für das Baby da sein, wenn es das erste Mal nach Hause kommt?

Die Liste könnte noch viel umfänglicher sein, doch bitte mache dir keinen Stress. Dein Baby ist auch glücklich, wenn nicht alles perfekt eingerichtet ist.

Was die Wickelkommode angeht: Sie dient dir als Aufbewahrungsort für die Kleidung und alles, was für die Pflege deines Babys wichtig ist. Sei auch hier minimalistischer eingestellt. Warmes Wasser und vielleicht eine Wundschutzcreme reichen für die zarte Babyhaut völlig aus.

Ich empfehle ein Beistellbett oder ein Bettchen, das von Anfang an zum Kinderbett mitwächst. Bitte unbedingt dran denken: Ins Babybett gehören kein Kissen und keine Decke! Auch Neugeborene bewegen sich im Schlaf, sie könnten sich versehentlich eine Decke über den Kopf ziehen und sich somit stark gefährden.

Mull- und Windeltücher sollten immer griffbereit sein, da sie so vielseitig einsetzbar sind. Dein Baby wird viel auf den Tüchern liegen, und deshalb empfehle ich sehr, keine bunten und wilden Muster zu wählen. Ist die direkte Umgebung des Babys schon sehr unruhig, kann es den Raum nicht mehr in Ruhe wahrnehmen.

Der Rest der Ausstattung darf nach und nach dazukommen, wenn eure kleine Familie sich eingespielt hat. Denk daran, dass das Zuhause nicht nur deinem Baby gehört. Stelle dir Blumen auf, ersetze deine Deko nicht durch Spieluhren. In diesem Heim dürfen sich alle wohlfühlen!

Sollte ich eine Federwiege für mein Baby haben?

Die Federwiege ist das moderne Pendant zur damaligen Holzwiege und zieht besonders bei jungen Familien sehr oft schon vor der Geburt ein. Sie ist auf Social Media unter Mamas sehr präsent und auch beliebt, da selbst unruhige Kinder in ihr lange Schläfchen machen.

Für Eltern mit unruhigen Babys, die sich wirklich schwertun, in den Schlaf zu finden, ist die Federwiege oft eine sehr große Erleichterung. Auch für Familien mit mehreren Kindern kann sie eine Unterstützung sein, wenn man einfach nicht genügend Hände zur Verfügung hat, um allen gerecht zu werden.

Ich stehe diesem Hilfsmittel kritisch gegenüber, verstehe aber sehr wohl die Vorteile. Besonders für die mentale Entlastung von jungen Eltern kann die Federwiege sehr wertvoll sein. Ich sehe trotzdem lieber Babys bei den Eltern auf dem Arm oder Bauch liegend statt in der Federwiege. Das ist nicht immer umsetzbar, insbesondere dann, wenn Schlafmangel und Erschöpfung mit ins Spiel kommen.

Deshalb nutze die Federwiege bei einem unruhigen Baby, wenn du sie wirklich brauchst. Aber in den ersten Lebensmonaten nur ab und zu und immer auf niedrigster Stufe!

Ich möchte die Nutzung nicht verurteilen, empfehle sie aber nicht. Ist sie nicht wegzudenken, füge zusätzliche Zeiten ein, in denen dein Baby auch flach liegen darf. Im besten Fall gewöhnt sich dein Baby nämlich nicht daran, dauerhaft in Bewegung zu sein. Es soll lernen dürfen, wie es sich anfühlt, ruhig auf dem Rücken zu liegen.

Gehört die Babywippe zur Ausstattung?

Hier bin ich ganz klar: Bitte gar nicht erst anschaffen. Die erhöhte, fast schon aufrechte Position in der Wippe überfordert dein Baby insbesondere in den ersten Lebenswochen.

Wenn du dein Baby nicht dauerhaft tragen oder auf dir liegen haben kannst, lege es auch mal auf den Rücken oder auf die Seite. Statt in aufrechter Position in der Babywippe plötzlich ein viel weiteres Sichtfeld zu haben, darf dein Baby nun seinen eigenen Körper entdecken und mit den Händen die kleinen Füßchen erkunden.

Übt auch die Bauchlage, denn sie ist die Ausgangsposition für die späteren Bewegungen! Sie sorgt dafür, dass die Muskeln deines Babys auf das Köpfchenhalten, Herumrobben, Krabbeln und auch das Laufen vorbereitet werden.

Nicht-Wippenkinder werden mehr getragen. Das nimmt viel Zeit in Anspruch und erfordert Geduld, doch bitte gib deinem Kind die Chance, ohne Hilfsmittel und im eigenen Tempo herauszufinden, wie es ist, zur Ruhe zu kommen.

Was sagst du zu Baby-Hopser und Gehfrei?

Jetzt werde ich noch strenger: Auf keinen Fall in Erwägung ziehen! Lasst sie euch nicht schenken und kauft sie auch nicht selbst. Solche Hilfsmittel sind schädlich für den so empfindsamen Babykörper. Übt viel lieber natürliche Bewegungen, macht Babygymnastik und unterstütze dein Kind, ohne durch ein Gerät wichtige Schritte zu überspringen.

Braucht mein Baby ein eigenes Zimmer?

Nein, braucht es absolut nicht. Es reicht aus, Ecken zu haben, die auf die Bedürfnisse des Neugeborenen zugeschnitten sind. Du kannst natürlich ein Zimmer einrichten, wenn du Spaß daran hast, aber mache dir keinen Druck.

Statt dir ein ganzes Zimmer vorzunehmen, genieße das Einrichten der Wickelkommode! Sie ist der Aufbewahrungsort für all die schönen Kleider und süßen Söckchen, und auf ihr darf auch die erste Spieluhr warten. Zelebriere diesen Teil des Nestbaus, indem du die Bodys und Jäckchen einzeln anschaust, dich darauf freust, sie bald schon getragen zu sehen, und richte dann alles schön ein.

Ob die Ordnung auch noch weitergeführt wird, wenn dein kleiner Schatz erst mal da ist, ist nicht ausschlaggebend für diesen Moment. Du tust es hauptsächlich für dich und deine Vorfreude. Tobe dich im Nestbautrieb aus, aber achte auch darauf, dass nicht das gesamte Haus zum Kinderzimmer wird.

Wie entscheide ich mich für einen Namen?

Manchmal findet diese Entscheidung schon weit vor der Schwangerschaft statt. Vielleicht schwebt dir schon seit deiner eigenen Kindheit der perfekte Name vor, dem du deinem Baby irgendwann geben möchtest! Viele Paare sprechen auch schon vor der Partnerschaft über ihre Lieblingsnamen und sind sich einig, bevor es richtig losgeht.

Wenn ihr noch mitten im Entscheidungsprozess seid, empfehle ich zunächst zwei separate Listen, auf denen jede*r für sich seine Favoriten sammeln kann. Schaut über Wochen immer mal wieder in eure Listen hinein. Ergänzt Namen, die euch noch eingefallen oder begegnet sind, und streicht die, bei denen euer Herz doch nicht mehr schneller schlägt.

Öffentliche Listen mit den beliebtesten Kindernamen sind eine große Hilfe! Nicht unbedingt auf die Art, die man nun vermutet. Wenn ihr nicht möchtet, dass euer Kind einen hochfrequentierten Namen trägt, dann nutzt diese Listen der beliebtesten Namen dafür, eure eigenen Listen auszudünnen. Was alle momentan wollen, soll dann nicht auf eurer Liste stehen. Es sei denn, ihr liebt diesen einen besonderen Namen einfach zu sehr!

Sind eure getrennt voneinander bestimmten Favoriten über einen längeren Zeitraum stabil, tauscht euch aus, streicht sofort diejenigen, die einer Person gar nicht gefallen, und kreist eure gemeinsamen Lieblinge ein. Nun könnt ihr gemeinsam immer wieder auf die Liste blicken und sie zusammen aktualisieren.

Habt ihr eure Favoriten, sprecht die Namen laut aus und hängt euren Nachnamen dran. Schaut, wie sie geschrieben aussehen. Kann man von ihnen Spitznamen ableiten und wollt ihr das überhaupt?

Das macht ihr so lange, bis nur noch ein Name für euer Baby in Frage kommt. Ich würde vorschlagen, diesen Namen dann bis zur Geburt für euch zu behalten. Sobald ihr ihn aussprecht, erlaubt ihr anderen, ihre Meinung zu sagen. Das muss nicht sein.

In den meisten Fällen gehen Eltern mit dem bereits festgelegten Namen in die Geburt hinein. Ihr könnt aber auch mit einer Auswahl in die Geburt gehen und dann ausprobieren, welcher Name sich richtig anfühlt, während ihr euer kleines Wunder betrachtet.

Ein Kindername ist niemals ein Kompromiss, sondern einer der ersten Liebesbeweise an euren größten Schatz!

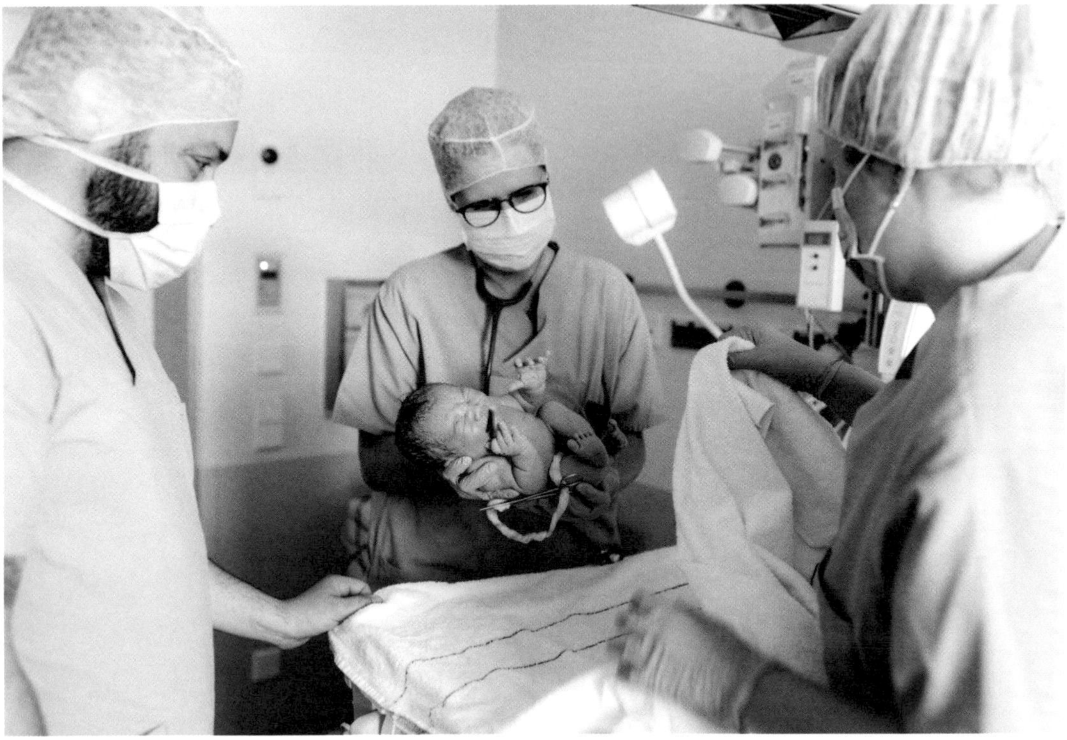

Die Geburt

Nun ist es so weit: Das Finale der Schwangerschaft! Bald kommt der Moment, in dem ihr das kleine Wunder, das du bisher nur in dir gespürt hast, in euren Armen halten werdet.

Das ist der Beginn eines neuen Lebenskapitels. Eines, das mit viel Liebe gefüllt wird. Ihr werdet nicht immer sofort wissen, was ihr tun sollt und wie ihr eure Gefühle sortieren könnt. Es braucht Zeit und ganz viel Vertrauen in euch selbst. Ich freue mich so sehr für euch!

Kaiserschnitt oder spontane Geburt? Was sollte es lieber werden?

Das kann man nicht so pauschal sagen. Ich habe beide meine Kinder spontan geboren, weil ich gesund und fit genug war. Außerdem hatte ich keine Komplikationen in der Schwangerschaft und meine Söhne lagen in der richtigen Position für die spontane Geburt.

Diesen Luxus hat man nicht immer! Kaiserschnitte sind genauso wertvolle Geburten. Sie können geplant sein, weil das Kind nicht optimal positioniert ist oder weil die werdende Mama zu große Angst hat und ärztlich entschieden wird, dass eine spontane Geburt eine zu große Herausforderung ist. Mehrlingsgeburten sind in den meisten Fällen geplante Kaiserschnitte – sie müssen es aber nicht sein.

Es gibt noch den sich aufbauenden Kaiserschnitt. Dieser kann je nach Geburtsverlauf und aus den unterschiedlichsten Gründen von deinem Team als die bessere Option eingestuft werden. Bei dieser Art von Kaiserschnitt und beim Notkaiserschnitt bitte ich dich, auf den Rat des Teams zu vertrauen. Wenn sie dir diesen Weg raten oder gar vorgeben, sei dir sicher, dass du dich in wissende und sichere medizinische Hände begibst. Sie wollen das Beste für dich und dein Kind.

Auch ein Kaiserschnitt ist magisch, und sobald du dein Baby das erste Mal siehst und hörst, verschwindet sowieso alles andere um dich herum. Es gibt nicht die eine, richtige Geburt. Es gibt aber die richtige Geburt für dich und dein Baby!

GEBURTSORTE

Die Geburtsorte können je nach Land, Region und den individuellen Wünschen der Eltern variieren. Hier sind einige gängige Optionen, die werdenden Eltern in Deutschland zur Wahl stehen:

Krankenhäuser
Die meisten Krankenhäuser in Deutschland verfügen über eine geburtshilfliche Abteilung (Kreißsäle), in der Schwangere entbinden können. Diese Abteilungen bieten eine breite Palette von Dienstleistungen, von natürlichen Geburten bis hin zu medizinisch unterstützten Geburten wie Kaiserschnitt.

Es gibt Krankenhäuser mit integrierten Kinderkliniken, in denen Babys und Kinder über die Geburt hinaus vollumfänglich medizinisch versorgt werden können. Für den Fall, dass bei der Geburt Komplikationen auftreten, ist die Kinderklinik sofort erreichbar.

Verfügt ein Krankenhaus nicht über eine Kinderklinik, steht es trotzdem in engem Kontakt mit einer solchen. Treten hier Komplikationen auf, ist der Kindernotarztwagen sehr schnell vor Ort und transportiert das Baby sicher und unter erster medizinischer Versorgung in die nächstgelegene Kinderklinik.

Eine Geburt im Krankenhaus hat also in jedem Fall den Vorteil, dass Schwangere einen direkten Zugang zu medizinischer Versorgung und Notfallausrüstung haben. Geburtshilfliche Abteilungen haben Ärzt*innen, Hebammen und Pflegepersonal – alle auf die Betreuung von werdenden Müttern spezialisiert.

Andererseits können Schwangere in Krankenhäusern manchmal das Gefühl haben, weniger Kontrolle über den Geburtsprozess zu haben, da die medizinischen Standards und Protokolle beachtet werden müssen. Aber auch im Krankenhaus kann eine Geburt wunderschön und selbstbestimmt sein.

Geburtshäuser

Das sind Einrichtungen, die auf spontane Geburten spezialisiert sind und eine familiäre Umgebung bieten. Sie werden von Hebammen geleitet und bieten oft alternative Methoden wie Wassergeburten und Hypno-Geburten an.

Geburtshäuser bieten oft eine gemütliche und familiäre Umgebung, die als weniger einschüchternd empfunden werden kann als Krankenhäuser. Die Betreuung durch Hebammen steht im Vordergrund, was vielen Frauen ein Gefühl von Unterstützung und Sicherheit gibt. Außerdem bieten Geburtshäuser oft alternative Geburtsmethoden wie Wassergeburten und Hypno-Geburten an.

Es muss aber auch beachtet werden, dass Geburtshäusern im Gegensatz zu Krankenhäusern begrenzte medizinische Mittel zur Verfügung stehen, was im Falle einer Komplikation problematisch sein kann.

Hausgeburten

Die Geburt im eigenen Zuhause ist in Deutschland ebenfalls möglich und wird von Hebammen geleitet. Voraussetzung ist jedoch, dass die Schwangerschaft vorab als unkompliziert eingestuft wird und eine enge Zusammenarbeit mit medizinischem Fachpersonal besteht.

Die Geburt zu Hause ermöglicht eine intime und vertraute Umgebung, die viele Frauen als sehr entspannend empfinden. Diese Art der Geburt ist sehr selbstbestimmt, was den Frauen mehr Kontrolle über den Geburtsprozess gibt, der gemeinsam mit der durchgehend anwesenden Hebamme je nach Fortschritt der Geburt neu abgestimmt werden kann.

Auch bei dieser Art von Geburt steht der werdenden oder frischen Mama nur eine begrenzte medizinische Versorgung zur Verfügung. Im Falle von Komplikationen ist es dann wichtig, schnell zu reagieren und gegebenenfalls das Krankenhaus zu kontaktieren und aufzusuchen.

Die Organisation einer Hausgeburt erfordert eine sorgfältige Planung und Vorbereitung, einschließlich der Sicherstellung, dass eine erfahrene Hebamme verfügbar ist. Dies kann eine große Last und für Schwangere vielleicht zu viel sein. Doch wer sich wirklich intensiv mit der Geburt und ihren Vorgängen beschäftigt, geht diesen vorbereitungsintensiven Weg sicher auch gerne.

Alternative Geburtszentren

Es gibt auch alternative Geburtszentren oder Hebammenpraxen. Diese bieten oft eine unterstützende und ganzheitliche Umgebung, die auf die individuellen Bedürfnisse der werdenden Mutter zugeschnitten ist, häufig mit dem Angebot alternativer Geburtsmethoden und -ansätze. Die Betreuung geschieht durch erfahrene Hebammen und Geburtshelfer*innen.

Solche alternativen Geburtszentren sind je nach Wohnort möglicherweise nicht so leicht zu finden, und hat man eins gefunden, müssen die Kosten beachtet werden, die hier deutlich höher als in anderen Einrichtungen sein können. Nicht alle gebotenen Leistungen werden von der Krankenkasse übernommen.

Die Auswahl des Geburtsortes hängt oft von den persönlichen Vorlieben, dem Gesundheitszustand der Mutter und des Kindes sowie den verfügbaren Ressourcen ab.

Ich persönlich habe meine beiden Söhne im Krankenhaus mit Kinderklinik zur Welt gebracht und würde mich auch immer wieder so entscheiden. Man weiß nie, was passiert. Deshalb habe ich es als sehr beruhigend empfunden, zu wissen, dass alles, was medizinisch notwendig werden könnte, auf kürzestem Wege passieren kann.

Bei der Geburt meines zweiten Kindes habe ich mich bewusst für eine ambulante Geburt entschieden und bin noch am gleichen Tag wieder in mein geliebtes Familiennest nach Hause gegangen. Wenn es die körperliche Verfassung und auch die mentale Sicherheit zulassen, rate ich meinen Schwangeren, diese Option zumindest in Erwägung zu ziehen. Wer sich traut und sicher fühlt, sehr gerne auch beim ersten Kind. Es ist so ein schönes Gefühl, direkt im geliebten Umfeld als Familie anzukommen!

!!! Achtung !!!
Nicht an der Tür ziehen
Automatiktür
Durchgang nur
für Berechtigte
2 Meter Abstand halten!
20*C+M+B+20

Sollte ich einen Geburtsplan schreiben?

In meinen Augen braucht es keinen Geburtsplan, da ich die Erfahrung gemacht habe, dass ein solcher Plan zu sehr einschränkt. Die Geburt ist ein Abenteuer, und je weniger Konzept du mitbringst, desto freier bist du, dich auf das Abenteuer einzulassen.

Ich kenne jedoch auch Frauen, denen allein das Schreiben des Geburtsplans nervlich sehr geholfen und ein Gefühl von Sicherheit gegeben hat. Die Welt ist bunt und jede*r hat eigene Empfindungen. Wenn es dir als werdende Mama ein wenig die Angst nimmt, einen Plan zu haben, dann schreibe ihn dir. Sei aber darauf gefasst, dass die Realität höchstwahrscheinlich anders verlaufen wird.

Statt einem Plan kannst du dir auch deine großen Fragen notieren:

- Was ist mir während der Geburt wichtig?
- Wie kann das Team mich unterstützen?
- Was brauche ich, um mich sicher zu fühlen?

Deine Fragen werden im Vorgespräch mit der Hebamme oder in der Klinik Antworten finden.

Freue dich darauf, bald in guten Händen entbinden zu können, lasse dich fallen und vertraue auf deine Stärke!

Was muss in die Kliniktasche?

Nicht alle aufgeführten Gegenstände sind ein absolutes Muss, aber ich empfehle sie gerne. Ob du beispielsweise deine Lieblingsdecke von zu Hause dabeihaben möchtest, ist natürlich deine Entscheidung. Ich empfinde gewohnte Gegenstände, die für ein Wohlgefühl in dieser aufregenden Zeit sorgen, als sehr hilfreich und einfach schön. Diese Wohlfühl-Dinge habe ich auf der Liste *kursiv* geschrieben.

CHECKLISTE MAMA

- ◯ Dokumente: Mutterpass, Stammbuch
- ◯ bequeme Kleidung für drei Tage (Wechselshirts, da du nach der Geburt und durch den Hormonwechsel stärker ins Schwitzen kommst. Oberteile zum Knöpfen, falls du stillst)
- ◯ Periodenunterwäsche oder Unterhosen mit weitem Bund und Binden für den Heimweg
- ◯ Entbindungshemd oder längeres T-Shirt
- ◯ *leichter Bademantel / Morgenmantel*
- ◯ 3-Phasen-Bauchgurt (in Absprache mit der Hebamme)
- ◯ Handtuch für dich und dein Baby
- ◯ *Kuscheldecke*
- ◯ *Lieblingsschal oder -tuch*

- Schlafanzug mit weitem Bund
- Wollsocken
- Badelatschen
- Still-BH
- Stillkissen, falls nicht im Krankenhaus vorhanden
- Silberhütchen
- *eigenes stilles Wasser*
- *Strohhalm*
- Energieriegel und Snacks
- *leicht schälbares Obst wie Bananen oder Mandarinen*
- Lippenpflege
- Hygieneartikel *(inkl. Intimdusche)*
- *Toilettenpapier von zu Hause (sanfter als in der Klinik!)*
- *Buch oder Magazin*

Nach dem Waschen würde ich empfehlen, das Babyhandtuch ein, zwei Nächte bei dir zu halten vor der Geburt. So kann dein Baby sich direkt vertraut und wohlfühlen, weil es nach dir riecht. Ich würde zu einem leichten Rotton beim Handtuch greifen, da diese Farbe den Mutterleib imitiert und deinem Baby direkt nach der Geburt am vertrautesten ist. →

→ Was muss in die Kliniktasche?

CHECKLISTE
PAPA / ZWEITER ELTERNTEIL

- ○ Patientenverfügung und -vollmacht
- ○ ggf. Heiratsurkunde
- ○ Vaterschaftsanerkennung
- ○ Ladekabel für Handys
- ○ Kleingeld für Krankenhausautomaten
- ○ bequeme Kleidung für drei Tage
- ○ Badelatschen
- ○ erste Babykleidung (Wickelbody aus Wolle-Seide in Gr. 50, Leggings aus Wolle-Seide, Strickjäckchen aus Wolle-Seide, Erstlingsmütze aus Wolle-Seide in Gr. 37, Wollsöckchen, Schlafsack)
- ○ Babydecke aus Wolle
- ○ Hygieneartikel
- ○ Snacks
- ○ Lieferdienst-Adressen für Leckeres nach der Geburt

Wie überstehe ich die Wehenschmerzen?

Im Geburtsvorbereitungskurs lernst du, wie du die Schmerzen der Wehen nicht nur über dich ergehen lässt, sondern dich regelrecht in sie hineinstellst und besser annehmen kannst. Wehen sind Schmerzen, die du zulassen musst und durch die du dich hindurcharbeitest.

Lasse die Wehe ihren Job leisten und atme tief und ruhig. Du bist die Sauerstoffdusche für dein Baby! Gehe in Gedanken zu deinem Kind und versuche, den Schmerz als Fortschritt zu erleben. Diese Phase einer Wehe bringt dir dein Baby ein ganzes Stück näher.

Sollte der Wehenschmerz für dich zu stark sein, wird dein sorgsam ausgewähltes Team sich um dich kümmern. Es wird dir Lösungswege aufzeigen, vertraue auf deren Expertise. Du musst nichts aushalten, was nicht geht, und in jedem Fall ist klar: Du bist stark!

Wie lange bleibe ich im Krankenhaus?

In der Klinik wirst du planmäßig drei Tage sein, beziehungsweise so lange, bis die U2-Untersuchung stattgefunden hat. Versuche unbedingt, ein Familienzimmer zu bekommen. In diesem Zimmer darf dein Mann, deine Frau oder deine Bezugsperson durchgehend bei euch sein, dich unterstützen, und euer Familiengefüge kann sich sofort natürlicher entwickeln.

Sollte eine ambulante Geburt stattfinden, bleibst du circa vier Stunden im Krankenhaus, bevor du nach Hause kannst. In dieser Zeit wird beobachtet und sichergestellt, dass du keine zu starken Nachblutungen hast.

In der Wartezeit hast du dein Neugeborenes Haut an Haut bei dir und kannst die ersten gemeinsamen Momente in dem Wissen genießen, dass professionell auf euch geachtet wird.

Wie verarbeite ich die Geburt?

Das ist immer eine sehr individuelle Angelegenheit. Ich würde allen Mamas raten, egal, wie einfach oder kompliziert die Geburt war, ein kleines Heftchen zu haben, in das ein, zwei Tage nach der Geburt alles aufgeschrieben werden kann. Erinnere dich, wie du angekommen bist, wie die Geburt war, was du gefühlt hast.

Auch wenn Geburten in den allermeisten Fällen ein Happy End haben, empfinde ich das Verarbeiten dieses großen Abenteuers als sehr wichtig. Wenn es mehr gibt, als du selbst verarbeiten kannst, gibt es immer noch den therapeutischen Weg. Nimm ihn in Anspruch und zögere es nicht hinaus.

SENSIBILITÄTS-DISCLAIMER

Auf den folgenden Seiten beantworte ich Fragen, die Krankheit und schwierige Geburtsverläufe behandeln. Diese Themen sind unschön, jedoch wichtig. Solltest du momentan nicht bereit dazu sein, lies sie dir zu einem späteren Zeitpunkt durch.

Meine Antworten auf die folgenden Fragen fokussieren sich auf die mentale Sichtweise, nicht auf die medizinische. Meine Ratschläge kommen aus der Pädagoginnen-Perspektive und basieren auf meiner Erfahrung und den Erkenntnissen, die ich aus jahrzehntelanger Betreuung von unterschiedlichsten Familien und Fällen mitnehmen durfte. Medizinisches Fachpersonal (Gynäkologie und Hebammen) sind von Schwangerschaft über Wochenbett bis zur und über die Beikost hinaus immer deine Ansprechpartner Nummer eins!

Was, wenn mit mir etwas während der Geburt passiert?

Gib dir auch ohne akute Sorgen die Sicherheit, im Fall der Fälle auf alles vorbereitet zu sein. Für solch einen Fall ist es wichtig, eine Patientenverfügung und -vollmacht zu haben und im Vorfeld mit dem zweiten Elternteil oder deiner Bezugsperson alles notariell festgehalten zu haben.

Während du heilst, kümmert sich das zweite Elternteil um das Neugeborene. Im Idealfall natürlich in deiner Anwesenheit im Familienzimmer.

Der Notfallplan umfasst auch eine dritte Person, die bei der Betreuung des Babys unterstützt, während dein*e Partner*in dich besucht und mit den Ärzt*innen spricht. Hier ist es wichtig, dass du und dein*e Partner*in dieser dritten Person vertraut und sie auch ehrlich mögt.

Haltet im Notfallplan vorher fest, dass dein*e Partner*in euer Baby mit nach Hause nehmen darf, falls ein Aufenthalt in der Klinik nicht für beide Elternteile möglich ist.

Niemand kann vorhersagen, was während einer Geburt passiert, aber man kann einen Plan haben. Ihr macht eurer kleinen Familie ein riesengroßes Geschenk, wenn ihr vorher alles besprecht und in die Wege geleitet habt.

Schreibt den Plan, ihr werdet ihn ganz sicher niemals brauchen!

Wie kann ich damit umgehen, wenn mein Baby bereits vor der Geburt krank oder in irgendeiner Art eingeschränkt ist?

Sobald du von einer potenziellen Krankheit erfährst, begebe dich auf Spezialist*innen-Suche und pflege engen Austausch mit deinen vertrauten Ärzt*innen.

Lies dir Fachwissen auf Elternebene an. Du sollst nicht zur Medizinerin werden, doch bestmöglich über die Besonderheit deiner Schwangerschaft und deines Babys Bescheid wissen. Je wissender du bist, desto besser kannst du mit der Situation umgehen.

Auch wenn es kaum vorstellbar ist, in solch einer Position positiv zu denken, ist genau das jetzt wichtig. Sende deinem Baby so viel positiven Input, wie du nur kannst. Sei liebevoll zu dir und in deinen Gedanken.

Schließe deine*n Partner*in nicht aus deiner Gedankenwelt aus, und lasst euch von Freund*innen verwöhnen, statt bemitleiden.

Sucht euch noch vor der Geburt therapeutische Unterstützung, um mit der Angst und auch der Traurigkeit umzugehen. Ihr betrauert nun ein Familienbild, das ihr euch ausgemalt habt, das aber so nicht existieren wird. Das braucht Zeit, Fürsorge und Stärke.

Du schaffst das, deine Familie schafft das! Ihr seid so besonders und ich sende euch ganz viel positive Energie!

Was, wenn mein Baby früher als erwartet kommt?

Heutzutage ist die medizinische und ärztliche Versorgung in Bezug auf Frühgeburten sehr gut aufgestellt. Ein Schock ist es trotzdem, wenn man plötzlich selbst betroffen ist.

Die Schwangerschaft mit meinem ersten Sohn war ab der sechzehnten Schwangerschaftswoche sehr aufregend. Ich bekam frühzeitige Wehen, die durch Windpocken ausgelöst wurden, und musste von da an ärztlich betreut und regelmäßig untersucht werden, um herauszufinden, ob mein Ungeborenes eine Schädigung erlitten hatte. Mein Sohn war gesund, und damit er noch so lange wie möglich in meinem Bauch stark für die Geburt werden konnte, musste ich aus dem Beruf ausscheiden und wurde stillgelegt, was mir persönlich schon sehr schwerfiel.

Ich habe ihn nur zwei Wochen früher als erhofft geboren, was angesichts der Schwangerschaft ein riesiges Geschenk war! Was mir jedoch sehr wehtat, war, dass ich ihn zwei Tage lang nicht bei mir haben konnte. Durch einen erhöhten Bilirubinwert musste er nämlich unter die Lampe, was als Mama nur sehr schwer mit anzusehen und zu verarbeiten ist.

Ich schätze mich und die Geburten meiner Söhne trotzdem als wunderschöne Glücksfälle ein. In meiner Zeit als Familienpädagogin habe ich schon sehr viele Eltern und Kinder betreut, deren Start ins Familienleben sehr viel schwieriger war. Einem dieser Erlebnisse möchte ich hier nun etwas Platz widmen. Um genau zu sein, widme ich ihn einer ganz tollen, starken Frühchen-Mama. Sie erzählt uns, wie es ihr ergangen ist, wie sie durchgehalten hat und was sie Frühchen-Eltern gerne mit auf den Weg geben möchte.

BERICHT VON FRÜHCHEN-MAMA SINA

Mein Sohn Jona wurde fast neun Wochen zu früh geboren.

Ein Satz, dessen Ausmaß man eigentlich nur begreift, wenn man ihn gelebt hat.

Das erste Mal ist mein Herz gebrochen, als wir achteinhalb Wochen vor dem Geburtstermin ins Krankenhaus gingen und wussten, dass es noch viel zu früh war, es sich aber nicht mehr aufhalten ließ.

Die Wehen setzten ein, meine Angst wurde mit jeder von ihnen größer. Doch nicht nur die Angst, sondern auch Unsicherheit, Verzweiflung und eine so tiefe Traurigkeit mischten sich dazu. Nichts lief so, wie wir es uns ausgemalt hatten. Die Geburt und die erste Zeit als Familie, auf die wir uns monatelang gefreut hatten, würde es nicht geben. Nichts würde so sein, wie es sein sollte.

Die Geburt, die eine der schönsten Erfahrungen im Leben sein soll, wurde komplett von Angst und der Trauer um das, was nicht sein würde, überschattet.

Das zweite Mal ist mein Herz gebrochen, als mein Sohn sofort nach der Geburt weggebracht wurde und ich minutenlang nicht wusste, ob es ihm gut ging. Ich war machtlos, konnte nicht zu ihm und ihm nicht mehr helfen. Einfach nur abwarten. Diese Minuten waren eine Ewigkeit, die einfach nicht enden wollte.

Das dritte Mal ist mein Herz gebrochen, als ich meinen Sohn auf der Intensivstation an all den Geräten angeschlossen sah, ihn aber nicht bei mir halten und beschützen konnte. Du liegst dann da in deinem Zimmer und weißt, dass dein Kind dir so nah ist, aber ihr einfach nicht zusammen sein könnt. Der natürliche Mama-Instinkt kann nicht erfüllt werden, und das schmerzt. Ich habe noch nie so eine Leere in mir gespürt, obwohl das, was dort hingehörte, so nah war.

Das vierte Mal ist mein Herz gebrochen, als wir einfach nicht zu Hause ankommen konnten. Wir waren insgesamt vierzig Tage im Krankenhaus, in dem wir gut aufgehoben waren und wo natürlich das Allerbeste für unseren Kleinen getan wurde. Doch wir wollten einfach nur noch nach Hause.

Wir wussten nie, wie lange wir noch warten würden. Tage, Wochen? Man konnte es nicht sicher sagen. Als es dem Kleinen endlich gut ging und er aus unserer Elternsicht nach Hause gekonnt hätte, wurde das Warten zur Qual. Wirklich noch eine Nacht zur Sicherheit? Und noch eine? Und noch eine ... Wir wollten endlich ankommen und eine Familie werden. Doch wir durften einfach nicht anfangen.

Diese Zeit muss man dann seinem Kind zuliebe durchstehen, denn jeder Tag, an dem es stärker wird, ist wichtig.

Ich weiß noch, wie ich etliche Male am Fenster der Intensivstation stand und Familien dabei zusah, wie sie mit ihrem Neugeborenen nach Hause fuhren. Natürlich freute ich mich für sie, doch der Neid war sehr viel größer. Es tat so weh, dass es nicht die eigene Realität war.

Und dann kamen auch die Selbstvorwürfe: Lag es an mir, dass wir nicht zu der Familie werden konnten, die wir uns ausgemalt hatten? Hätte ich in der Schwangerschaft etwas anders machen können? Habe ich irgendetwas getan, das zu dieser Frühgeburt geführt hat?

Mein Herz fing erst an, sich wieder zusammenzusetzen, als wir endlich nach Hause durften und unser Familienleben so richtig beginnen konnten. Mit einem Jungen, dem es gut geht, und Eltern, die nun Eltern sein dürfen.

Die ganze Situation ist unmöglich. Man kann sich unmöglich auf die medizinischen Herausforderungen und die Gefühle vorbereiten, die einen überrollen werden. Deshalb habe ich auch keine Tipps, um bestmöglich in so eine Situation hineinzugehen. Ich habe aber einen Erfahrungsschatz und kann sagen, was mir und uns als Familie geholfen hat, während wir in dieser unmöglichen Situation feststeckten.

Glaubt daran, dass die Ärzt*innen wissen, was getan werden muss. Im Kreißsaal und in der Behandlung danach. Vertraut ihnen und vertraut darauf, dass euer Baby jetzt all das kriegt, was es braucht, um diese schwere Zeit durchzustehen.

Vertraut auch eurem Baby, dass es stark ist und einen unbändigen Lebenswillen hat, mit dem es sich durchkämpft!

Konzentriert euch auf die Fortschritte. Besonders auf der Intensivstation konnten wir jeden Tag Fortschritte beobachten. Manchmal waren das nur fünf Milliliter, die Jona nun schon mehr eigenständig über den Mund aufnehmen konnte. Das mag eine Kleinigkeit sein, aber nach ein paar Tagen ist der Unterschied gewaltig und bestärkend. Diese wenigen Milliliter bedeuten euch an schweren Tagen – und das sind sie alle – einfach alles.

Lasst euer Kind so gut es geht die riesengroßen Sorgen und Ängste nicht spüren, sondern seid voller Liebe, wenn ihr bei ihm seid. Es soll euch auch lächelnd sehen und ohne Tränen in den Augen. Das gibt euch allen Kraft.

Teilt euch als Eltern auf. Jeder Elternteil darf mal zu Hause sein, im eigenen Bett schlafen, duschen, auf der Couch sitzen. Die andere Person ist bei eurem Kind. Schenkt euch gegenseitige Auszeiten und haltet zusammen.

Schätzt eure Freund*innen und Familie, die hinter euch stehen. Auch für sie ist es eine schwere Situation, und sie wissen nicht, was sie nun tun sollen. Bittet um Unterstützung, beispielsweise können sie etwas zu essen ins Krankenhaus bringen, zu Hause den Kühlschrank mit Vorgekochtem bestücken oder mit ablenkenden Gesprächen dafür sorgen, dass sich die langen Krankenhaustage etwas kürzer anfühlen. Das hat uns wirklich sehr geholfen.

Die Geburt muss auch irgendwie verarbeitet werden. Am Anfang funktioniert man nur und unterdrückt alles. Ich glaube, sonst hätte ich die vierzig Tage im Krankenhaus nicht durchgestanden. Aber ich merke, wie wichtig es ist, über meine Erfahrung zu sprechen und Hilfe anzunehmen.

Damit möchte ich auch sagen: Mit dem Ende des Krankenhaus-Aufenthaltes gehen die Sorgen und die Trauer nicht automatisch weg. Das ärztliche Personal nimmt euch auf jeden Fall für die Zeit im Krankenhaus sehr an die Hand und ist euch eine Stütze, doch für das »Danach« seid ihr auf euch als Familie gestellt.

So ganz allein seid ihr jedoch nicht. Mir und uns als Familie war meine Hebamme, die liebe Franzi, die hier auch schon zu Wort gekommen ist, eine unfassbar große Stütze. Jemanden so eng bei sich zu haben, den man mit Fragen und Sorgen überschütten darf, bietet den Halt, den man meiner Erfahrung nach in so einer Situation unbedingt braucht.

Entlastet euch als Eltern außerdem gegenseitig, indem ihr miteinander sprecht, Dinge aktiv verarbeitet und euch mit Menschen austauscht, die Ähnliches erlebt haben. Ich lege es euch wirklich sehr ans Herz. Denn dann ist das Glück, endlich als Familie ankommen zu können, noch so viel schöner.

Wir sind jetzt eine Familie

FRAGEN UND ANTWORTEN RUND UM DEN START DES FAMILIENLEBENS

Nun ist das, worauf ihr so lange hingefiebert habt, endlich da: Ihr seid eine Familie! Auf eure ganz eigene Art, mit euren eigenen Regeln, mit Hochs und Tiefs, mit so viel glücklicheren Momenten, als ihr sie euch hättet träumen können!

In diesem Kapitel widme ich mich den Fragen, die diese aufregende Reise mit sich bringt. Ihr werdet schnell merken, dass sich zwar nicht alles planen lässt, aber es doch immer lohnend ist, einen Plan zu haben. Gebt euch Zeit, in eurer Familie anzukommen. Sie ist wie keine andere, und das ist wunderschön!

Zu Hause ankommen

Ihr kehrt endlich in euer Familiennest zurück, und nun ist da ein toller Mensch mehr. Findet euch zurecht, erkundet die Räume mit neuen Augen und kommt gemeinsam an.

Euer Heim ist nun nicht mehr nur eure kleine Oase, sondern wird zu einem Familien-Zuhause. Vieles wird sich auch optisch verändern, und das ist etwas sehr Schönes!

Richtet euch Schritt für Schritt gemeinsam ein und lasst einen Wohlfühlraum wachsen, in dem ihr gemeinsame Erinnerungen schaffen werdet.

Wie gestalten wir den ersten Tag zu Hause?

Ihr habt in der Elternvorbereitung schon alles Wichtige erledigt und könnt euch nun darauf konzentrieren, in Ruhe in eurem Familienheim anzukommen. Nehmt euch als neue Eltern fest in den Arm und seid stolz auf das, was ihr geschafft habt in den vergangenen Tagen!

Dein*e Partner*in hat, bevor ihr nach Hause kommt, einen Strauß Blumen auf den Tisch gestellt, nochmal frische Luft hereingelassen und es schön gemütlich für euch hergerichtet. Die Wäsche ist weggeräumt, die Spülmaschine ausgeräumt, der Kühlschrank gefüllt, das Bett frisch bezogen. Vielleicht hat das sogar jemand Liebes aus der weiteren Familie für euch übernommen?

Am ersten Tag zu Hause passiert emotional viel, aber von der Tätigkeit her wenig. Durchbrecht eure kleine Blase nicht direkt damit, die Wäsche aus dem Krankenhaus zu waschen – das kann später passieren oder sogar an die Großeltern abgegeben werden. Heute wird auch nicht gekocht. Bestellt euch etwas Leckeres oder macht euch etwas Vorbereitetes warm.

Sobald ihr ankommt, bewegst du dich mit deinem Schatz in einem kleinen Bereich. Das Baby muss nicht sofort jeden Raum kennen, sondern ihr zwei oder auch drei sucht nun den Ort auf, an dem ihr euch in den nächsten Stunden und Tagen hauptsächlich aufhalten werdet. Vielleicht ist es das Schlafzimmer oder doch das Wohnzimmer mit dem gemütlichen Sofa? Hauptsache, es ist der schönste Raum im Haus und du hast an Ort und Stelle ein Tablett mit Getränken, Energieriegeln und allem, was griffbereit sein soll. Dein*e Partner*in ist nun in der Zubring-Funktion und kümmert sich darum, dass du und euer Kind es ruhig und wohlig habt.

Es gibt neben eurer Ruheoase noch einen weiteren Platz, den das Neugeborene kennenlernen soll: den Wickelplatz. Dieser befindet sich am besten im gleichen Raum und kann eine Kommode oder einfach die Wickeldecke auf dem Boden oder Bett sein. Zeige deinem Baby, dass dieser Ort nun auch zum Wohlfühlplatz wird. Es soll ihn und die Bewegungen des Wickelns kennenlernen dürfen, ohne eine große räumliche Veränderung daran zu knüpfen. So wenig Stress wie möglich!

Nicht nur für euch Eltern ist alles Neuland, euer Baby kannte bis vor wenigen Momenten nur die Fruchtblase und muss langsam ankommen. Ihr Eltern seid der Anker, doch selbst eure Stimmen klingen anders, und eure Berührungen sind noch so ungewohnt. Mit einem pflanzengefärbten Seidentuch kann man ein bisschen das wohlige Bauchgefühl imitieren. Streichelt euer Baby damit sanft, streicht mit dem Tuch über das Gesicht und den Bauch und nehmt euch ganz viel Zeit für jeden einzelnen ersten gemeinsamen Schritt. Genießt, wie euer Baby auf die Berührung mit seinen eigenen Bewegungen reagiert.

Ab wann können wir Besuch empfangen?

Das entscheidet ihr als Familie und ladet gezielt ein – Spontanbesuche, wenn es geht, vermeiden, indem ihr vorher ganz klar kommuniziert, was ihr euch diesbezüglich wünscht. Ihr seid diejenigen, die sich melden. Ansonsten kommt ihr vielleicht in die Situation, Besuche zuzulassen, für die ihr eigentlich noch nicht bereit seid.

Schön ist es, zum Beispiel alle Großeltern gemeinsam einzuladen. Dann fühlen sich alle gleichermaßen gehört und beachtet. Ladet zum Kaffee und Kuchen ein und legt einen zeitlichen Rahmen fest. Ich empfehle, keinen Besuch länger als ein bis zwei Stunden andauern zu lassen. So gebt ihr euch und eurem kleinen Schatz eine Struktur und Sicherheit. Nicht alle müssen und sollen außerdem direkt das Baby auf den Arm nehmen. Jede Veränderung, jede neue Stimme, jeder ungewohnte Geruch ist zunächst eine Anstrengung für euren kleinen Schatz, die in den ersten Lebenswochen nur schwer verarbeitet werden kann.

Was den Zeitpunkt des Besuches angeht, empfehle ich, sieben bis zehn Tage zu warten.

»Was, so lange?«, denkt ihr nun vielleicht empört.

Ja, denn es ist besonders in der Anfangszeit wichtig, dass ihr als neue Familie ankommt und Routinen etabliert. Deshalb rate ich auch von Besucher*innen in der Klinik ab, wenn ihr denn nicht die Unterstützung einer Oma oder eines Opas wünscht.

Ruft eure Liebsten an, wenn ihr einen Rat braucht oder einfach über euer Glück sprechen möchtet. Gleichzeitig ist es wichtig, dass ihr auch an euch denkt und euch selbst schützt. Es ist völlig in Ordnung, zunächst ein wenig Distanz zu wahren, um euch Zeit für die neue Familiendynamik zu geben.

Es kann passieren, dass eure Entscheidung für diese anfängliche Distanz auf Unverständnis innerhalb der

Familie trifft. Das ist völlig normal und bedeutet nicht, dass eure Bindung zu euren Liebsten geschwächt ist.
In solchen Momenten ist es wichtig, offen miteinander zu kommunizieren und einfühlsam auf die Bedürfnisse aller einzugehen. Vielleicht könnt ihr gemeinsam einen Weg finden, der für alle akzeptabel ist.

Erinnert euch immer daran, dass es keine falschen Entscheidungen gibt, wenn es darum geht, eure Familie zu schützen und zu unterstützen.

Jede Entscheidung, die ihr trefft, basiert auf der Liebe zu eurem Kind und eurer Familie. Nehmt euch die Zeit, diese besonderen Momente zu genießen und die Bindung zu eurer kleinen Familie zu stärken.

Wie lange dauert das Wochenbett?

Früher sagte man: erste Woche im Bett, zweite Woche am Bett, dritte Woche vom Bett weg. Wie streng man das einhält, ist immer eine individuelle Entscheidung. Ich finde diesen Regelspruch nach wie vor sehr passend und empfehle in der dritten Woche, langsam den Rest des Heims mit dem Baby zu erkunden und auch mal nach draußen zu gehen – alles in kleinen Schritten.

Während der Wochenbettzeit, die direkt nach der Geburt startet, ist es für dich als Mama wichtig, körperlich zur Ruhe zu kommen. Nun muss sich deine Plazenta zurückbilden und dein Beckenboden erholen. Damit du in diese körperliche Ruhe kommen kannst, besprich vor der Geburt mit deinem Partner oder deiner Partnerin, was in der Wochenbettzeit passieren soll und was nicht.

Klärt Fragen wie:

- Wer kocht?
- Wo bestellen wir?
- Kann jemand Drittes den Einkauf für uns erledigen?
- Was darf im Haushalt liegen bleiben?
- Was schaffen wir und wo holen wir uns Hilfe?
- Falls Geschwisterkinder da sind: Wer unterstützt bei der Betreuung?

So viele Fragen (es gibt noch etliche mehr!), doch letztlich zählt, dass ihr euch den Raum und die Ruhe gebt, euer neues Familiengefüge kennenzulernen.

Ein Neugeborenes ankommen zu lassen ist eine riesengroße Aufgabe. Man mag kaum glauben, dass es da in den ersten Tagen auch mal langweilig wird, aber es wird passieren! Viele neue Mütter können es dann kaum ertragen, nicht herumzuwuseln – doch dein Körper braucht die Kraft für die →

innere und äußere Heilung. Also lege dich wieder zurück, blättere durch eine Zeitschrift oder telefoniere mit einer lieben Person. Was ich dir unbedingt mit auf den Weg geben möchte: Sei so wenig am Handy wie möglich und sauge stattdessen diese erste Zeit ein. Am liebsten würde ich auch alle Serien und Filme in Anwesenheit des Babys vermeiden, denn die jungen Öhrchen können all die ungewohnten Geräusche nicht zuordnen.

Das Wochenbett klingt gemütlich und sollte es auch sein – denn Körperkontakt ist für dein Baby nun sehr wichtig. Nicht alle Neugeborenen sind jedoch gleichsam gemütlich eingestellt! Schreit dein Baby, machst du nicht unbedingt etwas falsch. Manche Babys schlafen viel, und manche schreien halt insbesondere in den Abendstunden mehr. Stell dich nicht in Frage, sondern werde dir bewusst, dass momentan eine Umgewöhnung an eine neue Umgebung und erste Routinen stattfindet. Das kann schon mal Unruhe beim Baby auslösen, und deshalb ist es umso wichtiger, dass ihr Eltern in sich ruhende Pole seid. So gut, wie es eben geht.

Wie stehst du so früh nach der Geburt zum Anstoßen aufs Baby oder zu einer Willkommensfeier?

Wenn alles im Vorfeld abgesprochen ist, kann diese Tradition eine schöne Möglichkeit sein, die Ankunft des Babys zu feiern. Bevor ihr euch jedoch dazu entscheidet, stellt euch die Frage, ob ihr als Familie gemeinsam feiern möchtet oder ob es besser ist, dass beispielsweise der Papa allein feiert, während die Mama mit dem Baby zu Hause bleibt. Klärt dann die Frage, wo er schlafen wird, wenn er spät nach Hause kommt, um das Baby und auch dich nicht zu wecken oder zu stören.

Es ist wichtig, dass diese Feier keinen zusätzlichen Stress verursacht. Die ersten Wochen als Familie sind kostbar und sollten nicht durch unnötigen Druck beeinträchtigt werden. Behaltet euch die besondere Magie dieser Zeit bei!

Wenn ihr plant, nach ein paar Wochen eine kleine Willkommensfeier abzuhalten, ist es ratsam, im Voraus festzulegen, was ihr emotional und körperlich bewältigen könnt. Übertreibt es nicht und fühlt euch nicht verpflichtet, Erwartungen zu erfüllen. Eure Priorität sollte immer sein, das Wohlbefinden eurer kleinen Familie zu bewahren.

Was sind sinnvolle und dennoch liebevoll gewählte Geschenke zur Geburt?

Ihr habt als Eltern schon während der Schwangerschaft alles besorgt, was ihr für die ersten Wochen braucht. Ein sinnvolles Geschenk wäre es, wenn eure Liebsten euch bei diesen Anschaffungen unterstützen. Aber es muss nicht immer materiell sein.

Überlegt euch, ob ihr euch vielleicht praktische Hilfen wünscht, wie einen gefüllten Kühlschrank zur Heimkehr aus der Klinik, ein leckeres Abendessen, das nur noch erwärmt werden muss, oder jemanden, der sich um die Wäsche kümmert, indem er die schmutzige Wäsche abholt und frisch gewaschene wiederbringt. Auch das Übernehmen einer Putzrunde in eurem Zuhause kann eine große Erleichterung sein – solche Dienstleistungen sind für frischgebackene Familien oft Gold wert!

Soll es doch etwas Materielles sein, empfehle ich ein schönes Mobile, eine Spieluhr oder einen ruhigen Spielbogen. Söckchen, ein Kaschmirset für den Winter, ein Badetuch, ein Kinderbuch mit persönlicher Widmung, ein kleines Kissen mit Namen und Geburtsdatum für die Bauchlage – alles schöne Ideen, aber bitte abgestimmt, damit nichts doppelt einzieht.

Damit es keinen unerwünschten Überfluss gibt, empfehle ich, eine Wunschliste zu erstellen. Bestimmt dazu jemanden aus eurem Freundes- oder Familienkreis, vielleicht von den zukünftigen Pateneltern, der oder die euch und euren Geschmack sehr gut kennt und diese Liste stellvertretend koordinieren wird. So wird sichergestellt, dass ihr als neue Eltern genau das bekommt, was ihr wirklich braucht und wünscht.

Unser Rhythmus, unsere Regeln

Jede Familie hat ihre eigene Dynamik. Das, was für die einen funktioniert, wäre bei der anderen nicht mal denkbar. Es gibt keine Schablone und auch keinen einen richtigen Weg. Findet euren eigenen Weg, blickt auch mal um euch, doch bleibt der Linie treu, die sich für euch richtig anfühlt.

Mit jedem Tag, jedem Monat, den ihr zusammen verbringt, wird sich euer Zusammenleben entwickeln und eure Routinen werden sich festigen. Dieser Prozess ist so spannend und ich freue mich sehr, dass ihr ihn für euch entdecken dürft!

Wie finde ich in meine neue Rolle als Elternteil?

Ganz langsam. Das ist ein Prozess, der Zeit braucht, egal, wie intensiv und gut du dich vorbereitet hast. Einiges fällt dir durch vorherige Kurse sehr viel leichter und überfordert dich nicht, doch vieles muss man erst wirklich erleben, um sich wirklich einzufinden.

Du bist nun eine Mama und musst zunächst eine emotionale Verbindung zu diesem Elterntitel aufbauen. Das lässt sich nicht hetzen und dauert so lange, wie es eben dauert.

Ich vergleiche diese Situation oft mit einem Jobwechsel. Es braucht Zeit, alle neuen Prozesse und Dynamiken zu verstehen. Erst nach Wochen oder Monaten fühlt es sich natürlich an, jeden Morgen in den nicht mehr ganz so neuen Job einzutauchen.

Es kann helfen, den Input von außen zu minimieren. Er ist nur zusätzliches Material, das verarbeitet werden muss. Tipps darfst du dir einholen, aber lasse dich nicht ungefragt damit zuschütten. Für dein Baby bist du, seid ihr als Eltern, sowieso die Besten.

Nimm dich in deiner Rolle als Elternteil ernst. Das kannst du mit deinem Partner oder deiner Partnerin ganz pragmatisch tun, indem ihr euch ein Elternmeeting in den Kalender eintragt. Ihr seid Eltern, ihr habt nun einen festen Termin, in dem ihr alle Themen besprecht, die in diesem Moment zu eurer Rolle gehören.

Immer, wenn ihr das Gefühl habt, überwältigt zu werden, beruft ein solches Meeting ein. Sprecht zehn Minuten fokussiert, schreibt vielleicht sogar mit, so wisst ihr, dass ihr nicht alles auf einmal erledigen und fühlen müsst.

Wann spielt sich der neue Tagesrhythmus ein?

Ein fester Rhythmus kann sich nur in einem stabilen Leben einstellen. Je mehr Routinen ihr etabliert, desto schneller kommt ihr in einen Rhythmus. Das geht aber nicht von jetzt auf gleich, sondern braucht nach der Geburt bestimmt ein ganzes Jahr oder länger. Da gibt es kein Richtig oder Falsch.

Nehmt euch als Familie Zeit, euren Rhythmus zu finden, doch lasst ihn nicht schleifen. Werden die Nächte regelmäßig zu Tagen, gerät die ganze Familie in dauerhafte Erschöpfung. Und das ist keine gute Basis für ein stabiles Leben. Traut euch, um Unterstützung zu bitten.

Ist es normal, dass ich am liebsten wegen jeder kleinen Sache meine Hebamme anrufen würde?

Ja, das ist absolut normal, besonders wenn es dein erstes Kind ist!

Als frischgebackene Mama kann man sich oft unsicher fühlen, und es ist ganz natürlich, dass du in dieser neuen und manchmal herausfordernden Lebensphase auf die Unterstützung einer erfahrenen Fachkraft wie einer Hebamme zurückgreifen möchtest. Bevor du jedoch zum Telefon greifst, nimm dir einen Moment Zeit, um durchzuatmen und deine Gedanken zu sortieren. Überlege, ob das Problem wirklich sofortige Aufmerksamkeit benötigt. Könnte es eventuell warten, bis zum nächsten geplanten Termin mit deiner Hebamme? Wenn du das Gefühl hast, dass es nicht warten kann, zögere nicht, sie anzurufen.

Gerade beim ersten Kind ist man oft verunsichert, und es ist vollkommen in Ordnung, nach Rat und Unterstützung zu suchen. Hebammen sind dafür ausgebildet, dir in genau solchen Situationen zur Seite zu stehen. Sie verstehen deine Sorgen und können dir die notwendige Beruhigung und Informationen bieten, die du brauchst. Nutze diese Ressource, denn dafür ist sie da!

Wie bringe ich den Großeltern bei, meine Grenzen bezüglich meines Babys zu respektieren?

Großeltern sind oft nicht nur durch ihr Alter, sondern auch durch die Erfahrung, die sie dir voraushaben, möglicherweise unbelehrbar. Das rührt nicht aus dem Negativen!

Versuche, nicht zu harsch vorzupreschen, das könnte die Situation noch komplizierter machen. Erkläre den Großeltern bestimmt, aber liebevoll ihre neue Rolle. In diesem neuen Gefüge sind sie kein Elternteil, sondern du.

Lasse sie teilhaben an eurer Familiendynamik und lasse sie erleben, wie ihr im liebevollen Umgang miteinander seid. Je mehr sie miterleben, desto einfacher wird es ihnen fallen, neben den eigenen Vorstellungen auch deine aufzunehmen und zu respektieren.

Die Großeltern brauchen auch Zeit, ihr Enkelchen kennenzulernen. Vielleicht merken sie, dass ihre altbewährten Methoden zwar bei dir gut funktioniert haben, aber nicht zu deinem Baby passen.

Großeltern dürfen die verwöhnende Rolle einnehmen, wenn sie ein paar Regeln befolgen – auch dann, wenn kein Elternteil anwesend ist. Kannst du darauf vertrauen, dass deine Grenzen respektiert werden, gib dein Baby mit einem guten Gefühl auch mal aus den Händen. Bist du dir unsicher, gehe zunächst auf Distanz, aber verwehre weder deinem Baby noch den Großeltern den Umgang ganz. Diese Bindung ist wichtig für beide Seiten!

Ist es normal, dass mir langweilig während der Babybetreuung ist?

Ja, es ist völlig normal, dass dir manchmal langweilig ist, während du dich um dein Baby kümmerst. Es ist eine große Anpassung, besonders wenn du es gewohnt warst, ständig aktiv und beschäftigt zu sein. Jetzt, wo ein kleiner Mensch deine gesamte Aufmerksamkeit fordert, oft mit langsamen und sich oft wiederholenden Routinen, kann das anfangs eine große Umstellung sein.

Nutze diese ruhigeren Momente, die dein Baby mit sich bringt, als eine Gelegenheit, die Welt um dich herum etwas langsamer erleben zu dürfen. Es ist eine wunderbare Zeit, in der das Leben dich einlädt, innezuhalten, die Stille zu genießen und einfach im Augenblick zu verweilen. Du kannst diese Momente nutzen, um eine tiefere Verbindung zu deinem Kind aufzubauen, ihm beim Schlafen zuzusehen, es sanft zu streicheln oder einfach nur die Ruhe zu genießen, die es in dein Leben bringt.

Vielleicht entdeckst du auch Freude daran, neue Wege zu finden, um diese Zeit zu bereichern. Erinnere dich daran, dass es in Ordnung ist, sich an diese neue Lebensweise zu gewöhnen, und es ist normal, sich manchmal unterfordert zu fühlen. Mit der Zeit wirst du Wege finden, diese besonderen Momente der Ruhe voll und ganz zu schätzen.

Wie blende ich ungefragte Erziehungstipps aus?

Das geht leider nur sehr schwer, weil diese Tipps immer mit Emotionen verbunden sind, die man nicht einfach unterbinden kann. Im besten Fall bringst du dich nicht in die Lage, überhaupt mit ungefragten Tipps und Ratschlägen konfrontiert zu werden. Aber auch das ist viel leichter gesagt als getan.

Es ist einen Versuch wert, nach außen hin so zu tun, als wäre alles in allerbester Ordnung. Sage, dass alles super funktioniert, Durchschlafen kein Problem ist, Stillen funktioniert sowieso großartig und lächeln tut dein Baby auch schon! Keine Tipps nötig!

Das würde ich bei Menschen anwenden, die dir nicht nahestehen. Bei deinen Freund*innen und der engeren Familie würde ich ehrlich sein und klar kommunizieren, wann du Hilfe und Ratschläge gerne annimmst und wann nicht.

Hast du das Gefühl, von den Stimmen anderer überrollt zu werden, durchbreche die Zweifel. Mache dir deine Lieblingsmusik an, tanze umher, sprich mit deinem Partner oder deiner Partnerin und seid euch sicher, dass nur ihr am besten wisst, was für eure kleine Familie der richtige Weg ist.

wahrscheinlich, da der Ei-
Übergewicht hat noch so
gungsmangel, Essgewohnhei-
allein als Prävention nicht reicht.
eine wahre Wundermischung, sie passt sich auch
Tagesform, seinem Alter, der Jahreszeit und vor
Umwelt perfekt an – noch vielfältiger als das
modernen Café. »Die Zusammensetzung der
große Variabilität auf, mit Veränderungen wäh-
In der Menschheitsgeschichte
Jahre und länger überwiegend
Die !Kung San stillen ihre
Clusterfeeding – also dass ein
Brust hängt – ist normal bei
wieder vorbei.
Es kann nach der Geburt
Milcheinschuss kommt – das

Essen und schlafen

In den ersten Lebenswochen machen Babys vor allem eines: essen und schlafen. Das ist nun besonders wichtig, es will schließlich wachsen, damit es schon bald um euch herumkrabbeln kann!

Konzentriert euch besonders bei diesen Themen auf euch und eure Familienbedürfnisse. Es gibt so viele Meinungen und Tipps, die hilfreich sein, aber auch Unsicherheit in Entscheidungen bringen können. Vertraut auf euer Bauchgefühl!

Was, wenn ich nicht stillen kann?

Das Stillen empfinde ich als so eine wunderschöne Möglichkeit, eine direkte Verbindung mit deinem Baby aufzubauen, und würde es all meinen Müttern sehr ans Herz legen. Es ist nicht immer einfach und oftmals werden Hürden in den Weg gestellt, doch es lohnt sich in meinen Augen immer, dranzubleiben und mit Geduld zu versuchen, doch noch ins Stillen zu kommen.

Nicht stillen zu können kann unterschiedliche Gründe haben. Mache dir keine Vorwürfe und sei nicht zu enttäuscht, wenn es nicht klappt. Das sind Komplikationen, die vielen Frauen widerfahren.

Wenn du unbedingt stillen möchtest, gib dir und deinem Baby Zeit. Versuche es mit Abpumpen, um den Milcheinschuss zu fördern und gib die Pre-Milch (in ärztlicher Absprache) oder Muttermilch durch ein Fläschchen.

Frage bei deiner Hebamme nach, welche Möglichkeiten du in deiner Situation hast, und vertraue darauf, dass dein Baby und du eine Lösung finden werdet. Und wenn diese nicht im Stillen liegt, ist das auch okay. Stillen darf nie zum Stillstress über einen langen Zeitraum werden – das tut weder dir noch deinem Kind gut.

Viel wichtiger ist es, eine gesunde und entspannte Bindung mit deinem Baby wachsen zu lassen. Du hast alles versucht, niemand trägt die Schuld.

Was, wenn ich nicht stillen will?

Das ist dein absolutes Recht. Lasse dich von niemandem entwerten, denn das Fläschchen kann genauso liebevoll gegeben werden wie die Brust.

Hast du dich dazu entschieden, nicht zu stillen, ist es wichtig, in vorheriger Absprache mit deinen Ärzt*innen oder deiner Nachsorge-Hebamme die Abstill-Tablette direkt im Kreißsaal zu nehmen. Es sei denn, du möchtest deinem Baby das wertvolle Kolostrum geben, das direkt nach der Geburt produziert wird, dann lege es im Kreißsaal an oder pumpe ab. Nimm die Abstill-Tablette anschließend. So unterbindest du, dass dein Körper mit dem Aufbau des Stillhormons anfängt.

Es ist entscheidend, dass du dich in deiner Entscheidung unterstützt fühlst und dir bewusst bist, dass es viele verschiedene Wege gibt, eine liebevolle und fürsorgliche Mama zu sein. Egal, ob du dich für das Stillen oder das Fläschchen entscheidest, deine Liebe und Fürsorge sind das Wichtigste für dein Baby.

Gib dir selbst die Erlaubnis, deine Entscheidung zu treffen, und umgebe dich mit Menschen, die dich in deinem Weg unterstützen und respektieren. Dein Wohlbefinden und deine mentale Gesundheit sind von größter Bedeutung, und es ist wichtig, dass du dich in deiner Entscheidung wohl- und selbstbestimmt fühlst.

Sei stolz auf dich und die Liebe, die du deinem Kind schenkst, und vertraue darauf, dass du immer die bestmögliche Entscheidung für dich und dein Baby triffst.

Ist Zwiemilchernährung eine gute Option?

Unter der Zwiemilchernährung versteht man das Füttern von Muttermilch in Kombination mit Pre-Milch. Solltest du nicht ausreichend Muttermilch produzieren, nach der Geburt sehr erschöpft oder beruflich eingebunden sein und deshalb nicht stillen können oder wollen, ist diese Ernährung sogar eine großartige und entlastende Option!

Auch hier die Bitte: Du entscheidest, was für dich und dein Baby funktioniert. Lasse deine Entscheidung nicht zur Diskussionsgrundlage werden.

Ich habe während der Schwangerschaft sehr viel zugenommen, darf ich während der Stillzeit abnehmen?

Dass dein Körper nach der Geburt nicht mehr so aussieht, wie du ihn kanntest, ist ganz normal. Das zu akzeptieren ist nicht immer leicht. Gib dir und deinem Körper Zeit, wieder ins Gleichgewicht zu kommen. Vielleicht gibt es medizinische Gründe für eine übermäßige Zunahme oder du hattest einfach viel Appetit.

Während der Schwangerschaft und danach leistet dein Körper Großartiges und benötigt dafür viel Energie. Der Bedarf an Nährstoffen ist hoch, besonders wenn du stillst, da du auch nach der Geburt für dich und dein Baby isst. Konzentriere dich daher nicht zu sehr darauf, schnellstmöglich dein altes Gewicht wiederzuerlangen, sondern sorge vor allem dafür, dass dein Körper weiterhin Großartiges leisten kann.

Erstelle zusammen mit einem Ernährungsberater oder einer Ernährungsberaterin, die auf Schwangerschaft spezialisiert ist, einen Ernährungsplan. Ändere deine Ernährung, aber mache keine Diät! Dein Körper braucht die Energie, insbesondere während des Stillens.

Vermeide drastische Maßnahmen und suche fachliche Unterstützung. Lass zum Beispiel ein Blutbild machen, um herauszufinden, ob deine Hormone mit deinem Gewicht zu tun haben.

Für mich sind alle Mamas Schönheiten und strahlen etwas aus, das weit über das Äußerliche hinausgeht. Ich wünsche mir, dass du dich als Mama wohlfühlst. Wenn dazu eine Gewichtsabnahme gehört, verfolge diesen Wunsch auf gesunde und nachhaltige Weise.

Ab wann darf und sollte ich abstillen?

Du kannst zu jeder Zeit entscheiden, mit dem Stillen aufzuhören, denn dein Körper ist flexibel und passt sich deinen Bedürfnissen an. Es ist jedoch wichtig, das Abstillen langsam und behutsam anzugehen, um einen Milchstau oder andere Komplikationen zu vermeiden. Deine Hebamme steht dir dabei mit Rat und Tat zur Seite und kann dir hilfreiche Tipps geben, wie du den Übergang sanft gestalten kannst.

Es gibt keinen festen Zeitpunkt, an dem das Abstillen erfolgen muss. Einige Mütter entscheiden sich dafür, ihr Kind über die Jahresgrenze hinaus zu stillen, während andere sich früher dazu entscheiden. Es ist wichtig zu verstehen, dass das Stillen ein sehr persönlicher und intimer Weg ist, den du gemeinsam mit deinem Baby erforschen und genießen kannst. Es gibt kein Richtig oder Falsch, sondern nur das, was für dich und dein Kind am besten ist. Sei offen für die Signale deines Babys und höre auf deine eigenen Bedürfnisse und Grenzen. Letztendlich liegt die Entscheidung, wann und wie du abstillst, ganz bei dir und deiner kleinen Familie.

Ab wann darf mein Baby Beikost probieren?

Nach aktueller Empfehlung kann nach circa einem halben Jahr, bei Frühchen vielleicht etwas später, mit der Beikost begonnen werden. Auch hier: Deine Hebamme steht dir mit einer auf dich zugeschnittenen Empfehlung zur Seite!

Bevor du die Beikost einführst, frische bitte deinen Erste-Hilfe-Kurs auf. Dein Baby muss erst lernen, mit dieser neuen Konsistenz und Art des Essens umzugehen, und ein Kurs gibt dir die Sicherheit, auf alle Fälle vorbereitet zu sein. So gehst du ohne Panik und mit Sicherheit in solche Situationen und weißt, was zu tun ist.

Ergänze die Mutter- / Pre-Milch-Ernährung nach und nach um Gemüse, Abendbrei und Zwischenmahlzeiten. Ich empfehle immer wieder gerne das Beikost-Buch »Die kleine Löffelei« von Ninja Bender und Annika Kirner.

Der erste Tag, an dem dein Baby die Welt der Beikost kennenlernt, ist ein ganz besonderer. Feiert die erste Mahlzeit, sie ist der Startschuss für die Bildung eures gemeinsamen Familientisches!

Ab wann sollte man den Familientisch einführen?

Bis ihr wirklich gemeinsam und gleichzeitig als Familie essen könnt, vergehen viele Monate – selbst nach der Einführung der Beikost.

Ein Baby kann in der Regel nicht länger als fünfzehn Minuten am Tisch sein und sitzen. Vom künstlichen Verlängern dieser Zeit durch digitale Ablenkung halte ich nichts. Damit führst du etwas ein, das du später nur sehr schwer abgewöhnen kannst und euch die Chance auf einen echten Familientisch verwehrt. Ein Kind soll lernen, um des Essens willen zu essen.

Freue dich über die wenigen Minuten, die dein Baby nun mit dir am Tisch sitzen kann, und lasse es anschließend seinen Bewegungsdrang wieder ausleben. Schaffe trotzdem eine schöne Essensituation und decke den Tisch. Räume das Spielzeug und die Unordnung auf dem Tisch weg, die sich immer mal wieder ansammelt, und verbanne auch das Handy vom Esstisch. So bringst du Ruhe rein und stellst das gemeinsame Essen in den Mittelpunkt.

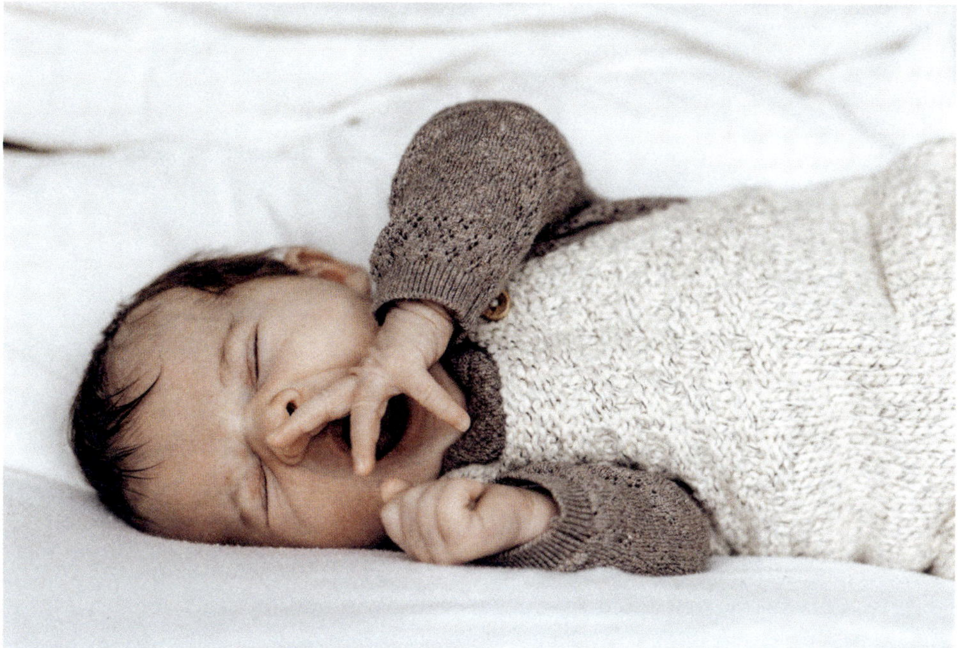

Wie gestalte ich im Babyalter eine Einschlafbegleitung?

Wenn du dir wünschst, dass dein Kind nach zehn Lebensmonaten allein und ruhig einschlafen kann, dann ist es wichtig, es liebevoll dorthin zu begleiten.

So könnte eine Einschlafbegleitung im Babyalter aussehen:

Nach dem Stillen oder dem Fläschchen eine ruhige Runde durch den Raum gehen, das Bäuerchen machen lassen und das Baby im Anschluss ins eigene (Beistell-)Bettchen legen. Das kannst du als Mama machen oder es an deine*n Partner*in übergeben. Auf dem Weg ins Bettchen nicht zu viel schaukeln oder hin und her bewegen, am besten auch ohne Geräusche dorthin führen. Ich persönlich finde ein Bettchen mit Rollen, welches du langsam bewegen kannst, schön. Zur Be- →

ruhigung dann gerne die Hand aufs Baby-Bäuchlein legen. Auch ein Himmel überm Bettchen kann zur Ruhe führen, da das Sichtfeld eingeschränkt wird. Wichtig: Himmel nur in beobachtender Anwesenheit nutzen und beim schlafenden Baby niemals am Bettchen lassen. Das ist zu gefährlich.

Es ist schwer, auf sich allein gestellt, ruhig liegend ohne Geräusche einzuschlafen. Das kann das Baby nicht einfach so, dazu benötigt es deine Hilfe und Übung. Wenn es in den ersten Monaten lernt, nur mit viel Bewegung und Geräuschen einzuschlafen, wird es das ruhige Einschlafen vielleicht nicht lernen können. So wie du die Welt deines Kindes gestaltest, so nimmt es diese an.

Welcher Elternteil was übernimmt, das könnt ihr für euch herausfinden. Ich finde es immer schön, wenn beide involviert sein dürfen, aber nicht müssen. Zwischendurch wird es Phasen geben, in denen euer Baby eher die eine oder andere Person benötigt. Akzeptiert diese Phasen, aber bleibt nicht in dieser ungewollten Gewohnheit hängen, dass eine Person alles übernimmt.

**Mir ist noch etwas sehr wichtig:
Lasst nicht zu, dass sich euer Baby allein in den Schlaf schreit.
Ihr sollt und wollt eurem Baby Sicherheit vermitteln.**

EMPFEHLUNGEN ZUM EINSCHLAFEN

Ruhige und vertraute Stimmen helfen Babys am besten, in den Schlaf zu finden. Hier ist eine kleine Liste an Liedern und Geschichten, die ich gerne selbst vorlese, singe und empfehle.

Einschlaflieder:

- Mein Schmusebär
- La Le Lu
- Der Mond ist aufgegangen

Gutenachtgeschichten:

- »Schlaf gut kleiner Bär« von Quint Buchholz
- »Weißt du eigentlich, wie lieb ich dich hab?« von Sam MacBratney und Anita Jeram
- »Die Eule mit der Beule« von Susanne Weber

Bücher sollten nicht nur vorgelesen, sondern erzählt werden! Verstellt die Stimme, nehmt euch Zeit und haucht den Buchstaben Leben ein. Sprecht Reime mit Mimik und Bewegungen, die euer Baby animieren, aufmerksam zu lauschen.

Je lebendiger eure Stimme, desto mehr Sprachgestaltung entsteht bei eurem Kind.

Lest bitte nicht zu viele Geschichten vor und auch nicht jeden Tag eine neue. Vermittelt lieber die wenigen mit viel Liebe und gebt eurem Kind Zeit, mit der eigenen Sprachentwicklung am bekannten Material zu üben.

Toll sind auch Familienfotos, zu denen ihr immer wieder die gleichen Reime oder kurzen Sätze sagt.

Habt Freude beim Lesen und Singen!

Wie führe ich einen Tag- und Nacht-Rhythmus ein?

Das passiert frühestens nach einem Lebensjahr. Beim ersten Kind ist es besonders schwierig, da ihm die vollen 24 Stunden zur Verfügung stehen, ohne dass ein älteres Geschwisterchen schon feste Wach- und Schlafzeiten vorgibt.

Als Eltern denken wir häufig, dass das Kind den Rhythmus vorgibt, und wir orientieren uns völlig zu Recht erst mal am Neugeborenen. Zu denken, dass das Baby nach und nach von sich aus in den Tag- und Nacht-Rhythmus kommt, ist in den seltensten Fällen wahr.

Je mehr feste Zeiten du als Elternteil einführst, desto einfacher wird es für das Baby, mitzumachen. Natürlich auf seine ganz eigene Weise! Diese Routinen dürfen im Urlaub und auf Ausflügen aber selbstverständlich unterbrochen werden, solange sie zu Hause weiterhin Halt geben.

Nicht jedes Kind hat besonders viel Lust auf einen geregelten Tagesablauf, aber es lohnt sich, auszuprobieren, was für euch als Familie funktioniert. Umso leichter habt ihr es dann, wenn die Familie um ein weiteres kleines Wunder wächst!

Woran kann es liegen, dass mein Kind nicht zur Ruhe kommt?

Das könnte viele Gründe haben: Stress nach einer anstrengenden Geburt und fehlende Zeit, in Ruhe im Leben anzukommen. Vielleicht sind die Tage zu Hause auch anstrengend durch fehlende Routinen, oder der besuchte Kurs war besonders laut an diesem Tag. Eventuell hat dein Kind viele neue Eindrücke gesammelt, die nun verarbeitet werden wollen – das äußert sich nicht selten in Unruhe, auch in der Nacht.

Oder aber dein Baby ist von sich allein einfach sehr energiereich und würde sich am liebsten mehr bewegen, als es schon kann. Es drückt seinen Willen und die innere Kraft durch Unruhe aus, da es noch kein anderes Ventil hat.

Ein Kind braucht Zeit, um zur Ruhe zu kommen. Bei Unruhe nicht immer mehr anbieten, sondern genau in die entgegengesetzte Richtung laufen. Gestalte die Welt kleiner, nimm Eindrücke und Spielzeug weg, besucht weniger Kurse, bewegt euch an den immer gleichen Plätzen und schafft eine Regelmäßigkeit.

Energiereiche Kinder sind eine Herausforderung mit tollen Persönlichkeiten. Damit du als Elternteil diese auch siehst, darfst du nicht dauerhaft erschöpft sein – teilt euch als Eltern auf, holt euch zusätzliche Hilfe aus dem engen Familien- oder Freundeskreis für die Betreuung.

Wenn du das Gefühl nicht loswirst, dass dein Kind auffällig unruhig ist, wende dich an deine*n Kinderärzt*in und ziehe physio-, ergo-, osteo- oder auch Cranio-Sacral-therapeutische Hilfe in Betracht.

Sobald sich dein Baby mehr und mehr bewegen kann, findet es ein Ventil für seine Kraft und kann auch mit sich und in sich zufriedener sein.

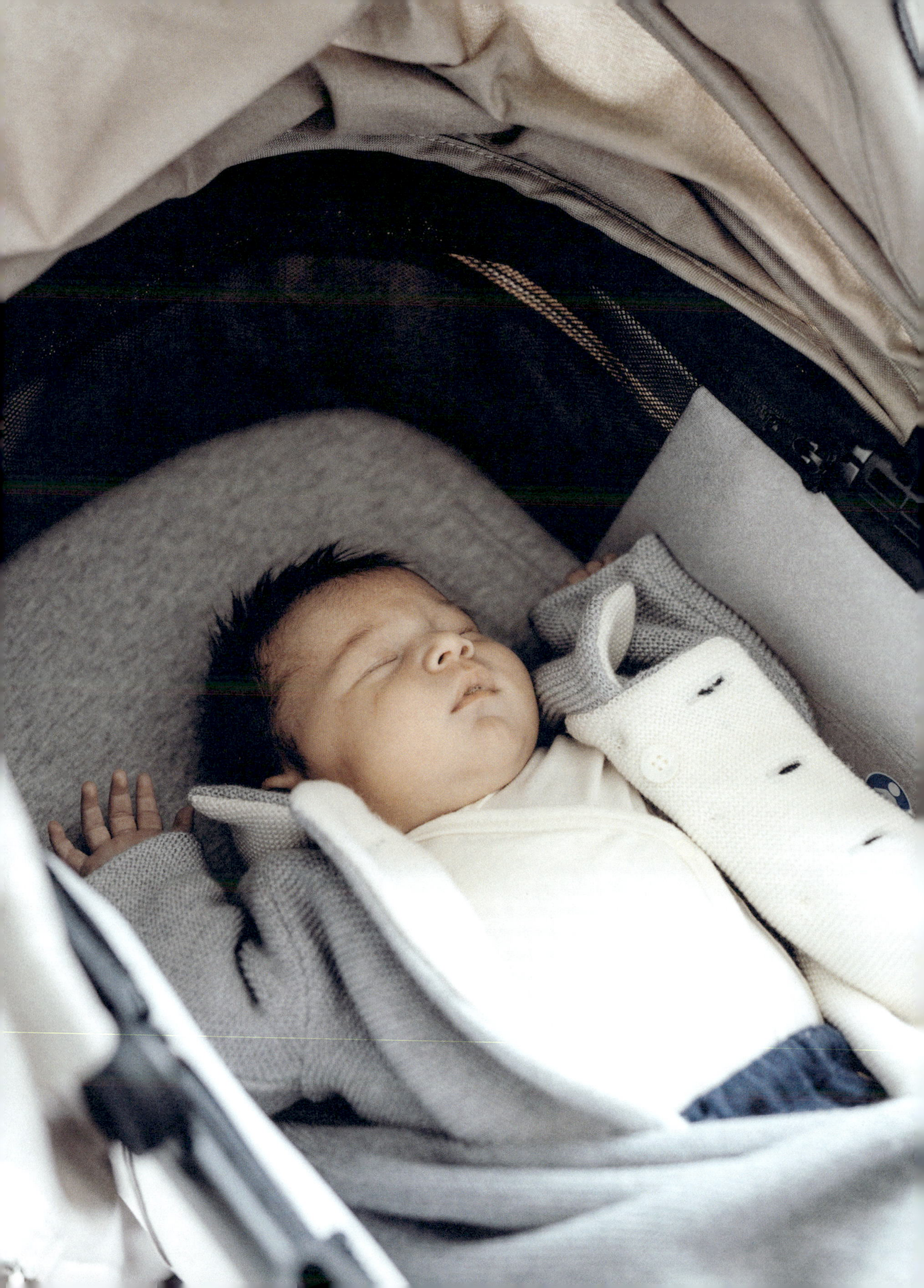

Wir verlassen das Nest

Die Welt ist noch größer als das Familiennest, und nun wird es langsam Zeit, den Erlebnisraum zu vergrößern. Nicht zu viel auf einmal, doch traut euch hinaus in die Welt – sie freut sich schon auf euch!

Haltet die ersten Momente außerhalb eures Nestes fest. Macht Fotos fürs Familienalbum! Schreibt auf, was ihr alles gemeinsam erlebt habt und welche neuen Eindrücke euer Schatz sammeln durfte.

Wann darf der erste Spaziergang als Familie stattfinden?

Ich würde ein bis zwei Wochen warten und nicht länger als zwanzig bis dreißig Minuten unterwegs sein wollen. Wie schon beim Thema Wochenbett beschrieben, brauchst du als Mama vorher die körperliche Ruhe, und dein Baby soll die Chance haben, in kleinen räumlichen Schritten anzukommen.

Auch die Temperatur spielt eine Rolle. Dein Baby war bis vor kurzem muckelig warm in deiner Gebärmutter und hatte nicht die Aufgabe, die eigene Körpertemperatur zu regulieren. Das schafft es so kurz nach der Geburt noch nicht. Es ist wichtig, dass ihr als Eltern darauf achtet, dass euer Baby nicht überhitzt oder unterkühlt – das geht beides, je nach Jahreszeit.

Der erste gemeinsame Spaziergang ist ein toller Meilenstein, den solltet ihr unbedingt per Foto festhalten!

Wie kann ich meinen Alltag mit der neuen Rolle vereinbaren?

Es ist ganz natürlich, dass sich dein Alltag mit der neuen Rolle als Elternteil verändert. Es erfordert Zeit, Geduld und einen guten Plan, um alles unter einen Hut zu bringen. Doch selbst mit dem besten Plan wird dein Alltag nicht mehr ganz so sein wie zuvor – und das ist in Ordnung! Indem du diese Veränderung akzeptierst, kannst du die Leichtigkeit und die Freude daran entdecken, deinen neuen Alltag zu gestalten.

Die große Herausforderung besteht darin, einen Ausgleich zwischen Kinderbetreuung, Haushalt, Zeit für den Partner, Beruf und persönlichen Hobbys zu finden. Es ist wichtig zu akzeptieren, dass nicht alles immer perfekt ausbalanciert sein wird. Es ist in Ordnung, den Haushalt auch einfach mal Haushalt sein zu lassen und dir Hilfe für die Betreuung zu suchen. Zum Beispiel indem du das Baby für einen Spaziergang an Oma und Opa übergibst.

Statt romantische Dates zu organisieren, trinkt einen gemütlichen Kaffee am Küchentisch. Natürlich sollt ihr auch wieder romantische Dates haben, nur es wird noch etwas dauern, bis das möglich ist.

Erinnere dich daran, dass anders nicht gleichbedeutend mit schlechter ist. Jeder Tag bringt neue Herausforderungen mit sich, aber auch neue Möglichkeiten, eure Bindung als Familie zu stärken. Indem du flexibel bist und mit offenem Herzen auf die Veränderungen eingehst, kannst du deinen neuen Alltag mit all seinen Facetten genießen und mit und an ihm wachsen.

Wie viel kann ich meinem Kind an äußeren Einflüssen zumuten?

Weniger ist mehr. Fange vorsichtig an, vielleicht mit einem Babygymnastik-Kurs ab der sechsten Woche und einem Besuch bei einer Freundin. Besonders bei Besuchen, die nicht im gewohnten Umfeld stattfinden, solltest du darauf achten, die Eindrücke so gering wie möglich zu halten. Reiche dein Baby nicht von Arm zu Arm oder halte ihm unbekanntes Spielzeug vors Gesicht. Weniger ist besonders im Babyalter immer mehr!

Babys machen zwar viel mit, aber sie müssen es auch verarbeiten, und das mündet oft in Unruhe. Für aufregende Tage ist es wichtig, dass vorher feste Ruhezeiten etabliert wurden, die auch an solchen Tagen eingehalten werden.

Als Mama bist du der Anker, der im Unbekannten Ruhe schenkt. Überfordere dich nicht selbst, schaffe eine Atmosphäre, in der du Zuversicht ausstrahlst, und schenke deinem Kind Kraft.

Ab wann kann man mit Baby verreisen?

Meine Empfehlung ist es, nicht vor dem dritten Lebensmonat zu verreisen. Sollte aber vorher ein wichtiger, nicht aufschiebbarer Ausflug anstehen, ist auch das in ärztlicher Absprache, auch was die Reiseapotheke angeht, in Ordnung.

Es bedarf jedoch guter Vorbereitung. Für mich ist der richtige Zeitpunkt für eine Reise dann gekommen, wenn du sicher im Umgang mit deinem Baby bist, ihr gut im Stillen und Füttern angekommen seid und das alltägliche Handling so zuversichtlich ist, dass du die Hebamme für zusätzliche Fragen nicht mehr zu stark benötigst.

Informiere dich vor Reiseantritt, wo am Zielort die nächste ärztliche Einrichtung ist. Reise mit einem sicheren Gefühl los! Reisen mit Kind kann unglaublich guttun, wenn man sich darauf einlässt und sich nicht in ständiger Unsicherheit bewegt.

Hab keine Angst vor dem Neuen, diese erste Reise wird euch so viel Zuversicht und Lust auf all die Entdeckungsreisen schenken, die noch kommen werden. Ihr wachst noch enger zusammen, und nicht selten ist so ein Ausflug für dein Baby mit einem riesengroßen Entwicklungsschub verbunden!

Kann man mit Baby in die Tropen fliegen?

Da gehen vor allem bei sehr kleinen Kindern unter Ärzt*innen die Meinungen auseinander. Bitte vertraue dem ärztlichen Rat, was empfohlene Impfungen angeht, und trefft die Reiseentscheidung gemeinsam.

Bei einem gesunden Kind spricht an sich nichts dagegen, wenn du einen Erste-Hilfe-Kurs gemacht hast und über die medizinischen Einrichtungen vor Ort informiert bist.

Was unbedingt beachtet werden muss, sind der Klimawechsel und die UV-Strahlung, die in den Tropen sehr viel stärker ist.

Im Interview: DIE HAUTÄRZTIN

Mein Name ist **ULRIKE KÜNZER** und ich bin Fachärztin für Dermatologie, Venerologie und Allergologie. Bereits die erste Dermatologie-Vorlesung im Studium hat mich fasziniert und die Liebe für dieses Fach erweckt, welches ich in vielen Jahren in der Uniklinik, insbesondere im Bereich der Kinderdermatologie, vertiefen durfte. Heute arbeite ich als niedergelassene Hautärztin und schätze ganz besonders den Kontakt zu meinen Patient*innen und vor allem den Kindern. Dieser direkte Austausch gepaart mit einem so interessanten Fach macht meinen Beruf so unglaublich spannend und wertvoll für mich.

Worauf muss man beim Kauf von UV-Kleidung achten?

Babys gehören im ersten Lebensjahr nicht in die Sonne. Doch auch im Schatten ist die UV-Strahlung vorhanden, weshalb Babys auch dort mit UV-Kleidung geschützt werden sollten.

Diese Kleidung sollte dicht gewebt, langärmelig und in der Farbgebung dunkel sein. Hüte mit Krempen und Kappen mit Nackenschutz sind zusätzlich sehr wichtig. Es gibt zertifizierte Schutzkleidung, die sich nach europäischen Standards richtet, wie beispielsweise das Zertifikat »UV STANDARD 801«. Die für die Kleidung angegebene UPF-Zahl reicht von 10 bis 80 und ist quasi der Lichtschutzfaktor für die Kleidung. Er gibt an, wie lange man im Vergleich zu regulärer Kleidung in der Sonne bleiben kann.

Aber wie gesagt: Ein Baby gehört immer in den Schatten!

Wie oft sollte ich mein Baby im Sommer mit welchem LSF eincremen?

Babys sollen direkter Sonneneinstrahlung möglichst gar nicht erst ausgesetzt werden. Ist es unvermeidbar, bitte eine halbe Stunde vor potenzieller Sonnenexposition mind. LSF30 auftragen. LSF30 hält schon 97 % der UV-Strahlung ab, aber es kann auch gerne zu LSF50 gegriffen werden. Später am Tag wird dieser Schutz noch einmal aufgefrischt. Insbesondere dann, wenn Wasser oder Sand im Spiel waren und für Abrieb gesorgt haben.

Generell gilt es bei Babyhaut Folgendes zu beachten: Sie ist sehr dünn und befindet sich noch im Aufbau. Die Hautschichten sind noch nicht miteinander »verzahnt«, und die Hautbarriere muss noch vollständig ausgebildet werden. Babys haben eine große Hautoberfläche im Verhältnis zum Körpervolumen. Über die in der Haut befindlichen Talgdrüsen werden aufgetragene Substanzen vom Körper aufgenommen.

Deshalb mein ärztlicher Rat: Greife zu mineralischen statt zu chemischen Sonnenschutzmitteln. Mineralische Sonnenschutzcremes beinhalten physikalische Filter wie Zinkoxid und Titandioxid, die nur auf der Haut aufliegen und das Sonnenlicht reflektieren. Bei chemischen Filtern wird diskutiert, ob sie durch die Resorption vom Körper eine hormonähnliche Wirkung entfalten können. Es gibt sehr gute mineralische Cremes, also wieso das Risiko eingehen?

Wir wachsen als Familie

FRAGEN UND ANTWORTEN RUND UM DIE ENTWICKLUNG IM FAMILIENGEFÜGE

Eine Familie ist niemals fertig, sie verändert sich mit ihren Charakteren immer wieder und immer neu. Das ist spannend und erfordert Kraft, die ihr in euch und ineinander finden sollt. In diesem Kapitel möchte ich die Fragezeichen auflösen, die sich nach und nach im Zusammenleben und in der Entwicklung ergeben.

Eine Familie ist eine Einheit, doch sie wird auch von ihrer Umwelt beeinflusst. Mein Appell an euch ist es, euch nicht in den Meinungen anderer zu verlieren. Seid nicht zu festgefahren oder blickt neidisch auf das, was andere vielleicht haben. Vertraut auf euch, in eure Entscheidungen und hört auf euer Bauchgefühl.

Unvergleichlicher Lernfortschritt

Beobachtet euer Baby und schaut, was es schon alles kann! Es entwickelt sich in seinem Tempo, und ihr dürft darauf vertrauen, dass es genau so richtig ist.

Andere Babys können andere Dinge. Das ist toll! Wir alle erziehen individuelle Kinder, die irgendwann zu einzigartigen Menschen heranwachsen. Schaut nicht zu sehr nach links und rechts, sondern viel lieber auf euren Schatz!

Wie viele Wachstumsschübe durchläuft ein Baby, und was erwartet mich?

In den ersten Monaten erlebt dein Baby unglaubliche Entwicklungsmomente, die als Wachstumsschübe bezeichnet werden. Es gibt etwa acht solcher Wachstumsschübe. Während dieser Phasen ist es besonders wichtig, deinem Baby mehr Halt zu geben, es öfter zu tragen und dir noch mehr Zeit nur für dein Kind zu nehmen, weil es durch seine neuen Fähigkeiten irritiert und verunsichert wird. Diese Momente helfen euch als Familie, eine noch tiefere Bindung zueinander aufzubauen und eure Bedürfnisse besser zu verstehen.

Während eines Wachstumsschubs ist es entscheidend, dein Baby nicht nur zu begleiten, sondern es auch aufmerksam zu beobachten. Wie verändert es sich, und welche großartige Entwicklung macht es genau jetzt durch? Diese Phasen können sich durch vermehrte Anhänglichkeit, untypische Launen, Gereiztheit, Fremdeln, Hand-in-den-Mund-Bewegungen, intensiveren Blickkontakt, Schwierigkeiten beim Ablegen und unruhigen Schlaf zeigen. Es ist ganz normal, dass diese Phasen dich herausfordern und auch mal an deine Grenzen bringen. Doch sie sind solche wichtigen Meilensteine in der Entwicklung deines Kindes. Nimm dir Zeit, um diese Momente wertzuschätzen, und sei stolz darauf, dass du deinem Baby durch diese aufregende Zeit hilfst.

Falls du unsicher bist oder Fragen hast, zögere nicht, den Kinderarzt oder die Kinderärztin um Rat zu fragen. Gib euch beiden die Geduld und Unterstützung, die ihr braucht, um diese wundervoll aufregende Reise gemeinsam zu meistern.

Wann ist welcher Wachstumsschub dran, und was tue ich dann?

Es gibt Orientierungshilfen, was die Zeitpunkte und Vorgänge der Wachstumsschübe angeht, aber diese sind bitte niemals dogmatisch zu sehen! Jedes Kind ist einzigartig und lebt nach seinem eigenen Zeitplan. Insbesondere bei Frühchen kann es schon mal länger dauern, bis bestimmte Schübe auftreten, und manchmal machen sie überraschend große Fortschritte. Lass dich nicht verunsichern, denn das verunsichert auch dein Kind. Die folgende Orientierungshilfe kann und darf also gut und gerne vom echten Leben umgeschrieben werden.

Der **erste Wachstumsschub** tritt etwa in der fünften Lebenswoche auf. Dein Baby wird wacher für die Welt, lächelt vielleicht zum ersten Mal und hat ein höheres Bedürfnis nach mehr Stillmahlzeiten, Tragen und körperlicher Nähe. In dieser Zeit kann es unruhiger sein. Das kann, muss aber nicht passieren.

Der **zweite Schub** findet ungefähr in der achten Lebenswoche statt. Dein Baby hört nun anders, seine Sinne werden geschärft, es folgt intensiverem Blickkontakt und beginnt, Farben zu erkennen. Es kann hilfreich sein, schon leichte Babygymnastik zu machen, ein Mobile über dem Wickeltisch anzubringen und mit dem Baby zu lautieren.

Der **dritte Schub** tritt etwa nach zwölf Wochen auf. Dein Baby erkennt Stimmen viel besser, greift gezielter und bewegt sich bewusster. Motiviere es dazu, mit den Augen und dem Kopf Gegenstände oder dich und deine Stimme zu verfolgen! Es ist eine tolle Zeit, um langsam Rituale einzuführen und das Baby bei seinen Entdeckungen zu begleiten.

Der **vierte Schub** kommt um die 19. Woche herum. Dein Baby steckt alles in den Mund und beginnt seine orale Phase, die sehr wichtig ist. →

Außerdem schärft es seine motorischen Fähigkeiten, beobachtet dich nun gerne bei alltäglichen Tätigkeiten und reagiert auf Geräusche bewusster. Stelle Spiegel auf, durch die es sich selbst beim Entdecken beobachten darf! Dein Baby rollt nun schon von der Rücken- in die Seitenlage, vielleicht sogar schon in die Bauchlage. Auch die Sprachentwicklung ist nun deutlich spürbar. Platziere Laute bewusst an gewissen Orten. Beispielsweise am Wickeltisch ein begleitendes »Rörörö« – so verknüpft das clevere Köpfchen Laute mit Orten und Ritualen.

Der **fünfte Schub** erscheint um die 26. Lebenswoche. Dein Baby macht körperlich starke Veränderungen durch! Es wächst nun so schnell, und in viele geliebte Kleidungsstücke passt es nun nicht mehr rein. Es dreht sich, robbt herum und krabbelt auf der Decke. Es erkennt sein eigenes Spielzeug und sollte seine Welt in einer kindersicheren Umgebung erkunden dürfen. Es kommuniziert mehr und zeigt seine Freude und auch Unzufriedenheit deutlicher. Auch diesen Schub meistert ihr als Familie!

Der **sechste Schub** tritt etwa mit einem Dreivierteljahr, circa in der 37. Woche, auf. Dein Baby krabbelt koordinierter, macht Wipp-Bewegungen und erforscht aktiv sein Umfeld. Es entwickelt seinen eigenen Charakter und Willen. Als Mama, die aus Sicherheitsgründen nicht alles erlaubt, bist du manchmal ein Störfaktor bei der Erkundungstour, was dein Baby dir auch mitteilen wird. Nimm diese Phase an und begleite dein Kind mit vielen Lauten und Geräuschen beim Wachsen!

Der **siebte Schub** findet ungefähr in der 48. Woche statt. Dein Baby kann wahrscheinlich allein sitzen und erkundet die Welt krabbelnd. Versuche nicht, es ins Laufen zu drängen – das wird es sein ganzes Leben lang noch tun! Manche Babys formen nun aus Lauten bereits erste Wörter und lernen, sich selbstständig zu beschäftigen. Dein Baby kann nun schon einige Dinge allein erledigen. Beispielsweise den Schnuller greifen und ihn sich in den Mund stecken, Schubladen öffnen und gezielt Spielzeug herausziehen. Es weiß schon ganz genau, wo es was findet! Es kann auch sein, dass es aus Frust weint, wenn es etwas nicht haben kann, was es sich ins Köpfchen gesetzt hat. In dieser Phase braucht dein Schatz ganz viel Halt und Sicherheit.

Der **achte Schub** kommt nach dem ersten Geburtstag. Dein Baby beginnt möglicherweise aufrecht zu laufen und hat erste Gehversuche unternommen. Lass es unbedingt selbst ins Laufen kommen! Lass es sich seitlich an Möbeln entlangbewegen, diese Bewegung ist für die Füßchen wichtig. Ist es so weit, wird es erst eine, dann die andere Hand lösen und den ersten freihändigen Schritt wagen. Die Arme sind dabei unten, wie auch bei uns Erwachsenen. Halte sie bei Gehversuchen bitte nicht nach oben, sondern schenke deinem Kind die natürliche Haltung und den Stolz, es schon so toll allein zu können! Dieser letzte große Wachstumsschub ist etwas ganz Besonderes und dein Kind wird viel Zuneigung und Unterstützung benötigen, während es diese neue Phase des Wachstums durchläuft.

Wie kann ich die körperliche Entwicklung meines Babys unterstützen, ohne es zu überfordern?

Indem du deinem Kind vertraust, dass es die nötigen Entwicklungsschritte machen wird! Begleite es auf dem Weg vom flachen Liegen ins Stehen.

Der Weg dorthin ist lang und auch nicht immer leicht. Manchmal gibt es große Fortschritte und dann wieder einen Stillstand – das ist ganz normal.

Die Babygymnastik hilft dir und deinem kleinen Schatz auf dieser Reise und zeigt dir, dass wiederholtes, aber nicht verbissenes »Training« ab der sechsten bis achten Woche Spaß macht. Jede Unterstützung, die du deinem Baby zuteilwerden lässt, ist Zuwendungszeit und sollte als Genusszeit statt Trainingseinheit erlebt werden.

Überfordere dein Baby nicht, indem du es beispielsweise in die Wippe legst. Eine Babywippe schränkt dein Baby in seiner Bewegungsfreiheit ein, und es bekommt durch die leicht aufrechte Haltung zu viel Input, den es verarbeiten muss.

Wippenkinder wollen schon nach kurzer Zeit nicht mehr flach auf dem Boden liegen.

Eine Kinderschaukel ist ab dem ersten Geburtstag ganz wunderbar – sie dient eher dem Spiel als der Entwicklung, die in diesem Alter schon einen großen Fortschritt gemacht hat.

Um dein Baby in der körperlichen Entwicklung nicht zu überfordern, empfehle ich, alles reduziert zu halten. Immer mal wieder ein paar Übungen, aber dein Baby sollte nie an seine Grenzen stoßen oder sogar die Freude am Üben verlieren.

ÜBUNGEN FÜR DEIN BABY

Ich lasse dir drei Babygymnastik-Übungen da, die du mit deinem Baby in euren Tag integrieren kannst. Diese ersten Übungen finden in der Rückenlage statt, da dein Kind in den ersten Lebenswochen das Köpfchen in der Bauchlage noch ablegt. Die Führung der Kopfhaltung beginnt circa erst langsam ab der achten Woche.

ÜBUNG 1: **Spiel mit dem Seidentuch**
Lege dein Baby auf eine feste Unterlage in Rückenlage vor dich hin. Streiche ganz langsam mit dem Seidentuch (pflanzengefärbt, vierzig cm × vierzig cm) über dein Kind. Wenn es ihm gefällt, lasse das Tuch eine Zeit über deinem Kind liegen. Das Tuch wirkt wie eine zarte Hülle, was dafür sorgt, dass dein Baby sich spielend und bewegend geborgen, wie im Mutterleib, fühlt. Es öffnet vielleicht die Händchen und bewegt die Beinchen.

ÜBUNG 2: **Vorbereitung auf das Greifen**
In den ersten Wochen hält dein Kind die Händchen noch oft zu Fäusten geschlossen. Streichle mit deiner gut angewärmten Handinnenfläche an der Faust deines Kindes entlang. Erst öffnet sich die Hand deines Kindes zufällig, dann bewusster. Später kannst du nach und nach in die geöffnete Babyhand einen Greifling legen. Auf diese Weise unterstützt du dein Baby im gezielten Zugreifen und Loslassen.

ÜBUNG 3: **Spiel mit den Füßchen**
Dein Kind liegt in der Rückenlage vor dir, du nimmst Blickkontakt auf und sprichst es direkt an. Halte deine Handinnenflächen mit wenig Druck vor die Fußsohle. Es wird dadurch angeregt, zu strampeln und andere Bewegungen auszuführen, um Körperkontakt herzustellen.

Wechsle von einem Füßchen zum anderen und berühre auch mal beide Fußsohlen gleichzeitig. All das passiert mit Blickkontakt.

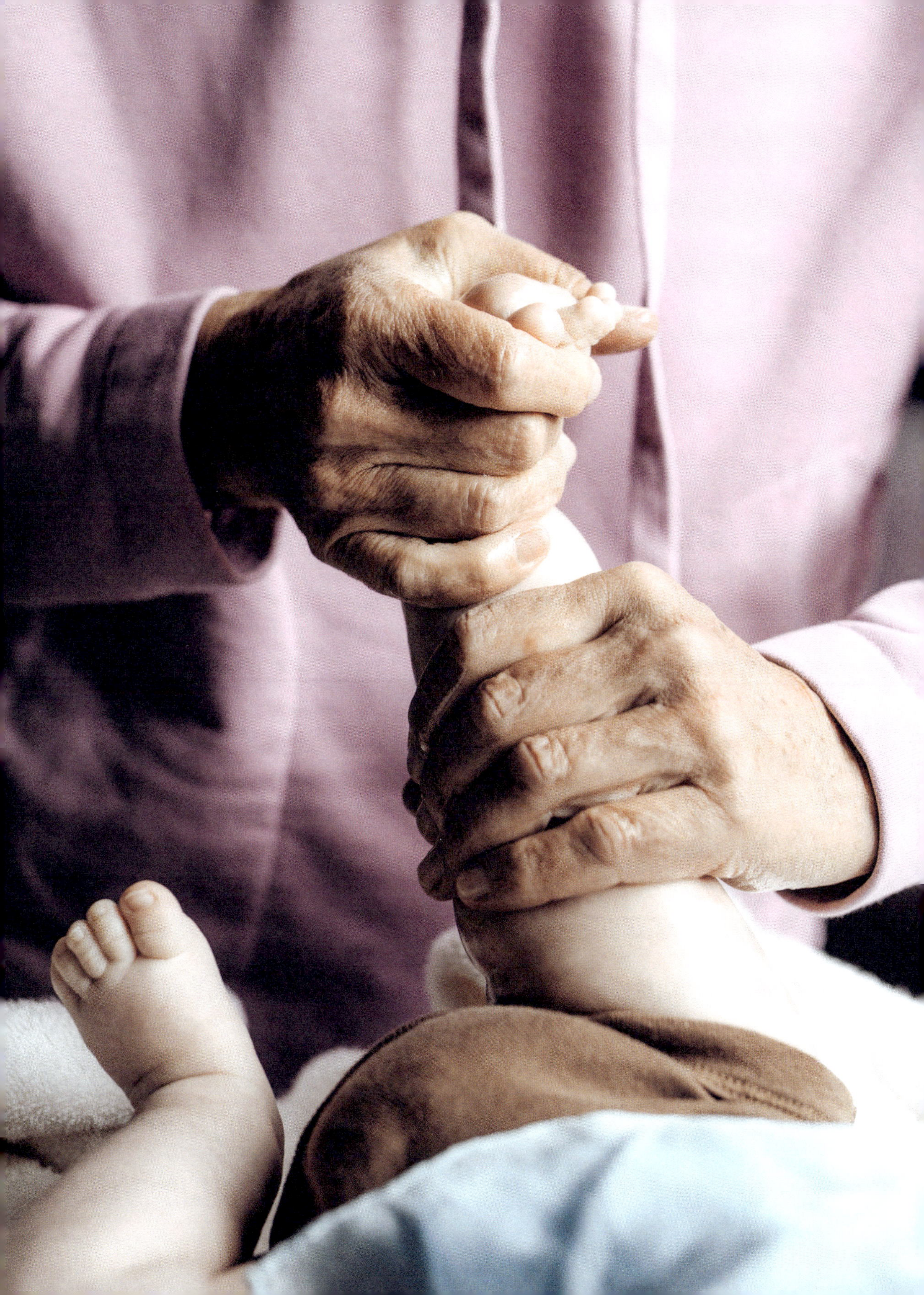

Was tue ich, wenn mein Kind anderen in der Entwicklung hinterherhinkt?

Es ist ganz natürlich, sich als Elternteil Sorgen zu machen, wenn man das Gefühl hat, dass das eigene Kind in seiner Entwicklung anderen hinterherhinkt. Doch es ist wichtig zu verstehen, dass jedes Kind seinen eigenen einzigartigen Weg hat und sich in seinem eigenen Tempo entwickelt. Andere Kinder mögen in bestimmten Bereichen schneller sein als dein kleiner Schatz, aber das bedeutet nicht, dass sie automatisch mehr können.

Wenn du feststellst, dass dein Kind in bestimmten Entwicklungsbereichen langsamer vorankommt, ist es hilfreich, den Fortschritt nicht ausschließlich an offensichtlichen Meilensteinen wie der Grobmotorik zu messen. Auch die Feinmotorik, sprachliche Fortschritte und die emotionale Entwicklung spielen eine wichtige Rolle. Dein Kind schreitet vielleicht in anderen Bereichen, die weniger offensichtlich sind, voran, und das ist genauso wertvoll!

Wenn du trotzdem große Sorgen hast, empfehle ich dir, einen ärztlichen Rat einzuholen, bevor du dich in eine Angstspirale begibst. Ein*e Ärzt*in kann eine professionelle Beurteilung vornehmen und dir möglicherweise zusätzliche Unterstützung oder Interventionen empfehlen, um die Entwicklung deines Kindes zu fördern.

Bitte gib deinem Kind nicht unbewusst das Gefühl, nicht gut genug oder nicht weit genug zu sein. Obwohl es noch sehr jung ist, nimmt es bereits viel von seiner Umgebung wahr und kann subtile Signale aufnehmen. Zeige ihm deine bedingungslose Liebe und Unterstützung und ermutige es, in seinem eigenen Tempo zu wachsen und zu lernen. Jedes Kind ist einzigartig und wertvoll, genauso, wie es ist!

Wie kann ich mein Kind geistig fördern?

Das Wort »fördern« mag ich gar nicht. Es macht Druck. Ich weiß aber auch, dass man in meinem Berufsumfeld nicht drum rumkommt.

Geistige Förderung ist Kuscheln, Augenkontakt, Anlächeln, Kommunikation. Lasse dein Baby an deinem Leben, deiner Art, mit anderen zu kommunizieren, und deinen Emotionen teilhaben.

Ab der vierten Woche kannst du die Zeit in Bauchlage dazu nutzen, deinem Baby erste Schwarz-Weiß-Karten zu zeigen. Das ist aber kein Muss.

Irgendwann kommt der Greifling ins Spiel, den sich dein Baby in den Mund steckt und mit den Fingerchen erkundet. Auch das ist geistige Förderung! Zeige deinem Baby unterschiedliche Stoffe und Oberflächen. Wie fühlt sich das Sofa an, wie die Stehlampe, wie der Tisch? Lasse es seine kleine Welt unter deiner Aufsicht erkunden.

Wie lernt mein Baby sprechen?

Von Geburt an bis zum dritten Lebensmonat kommunizieren Babys hauptsächlich über Schreie und formen erste stille Mundbewegungen bei Augenkontakt. Es imitiert das, was es sieht. Auch wenn noch keine eigenen Laute dabei gebildet werden. Deshalb ist das langsame und manchmal auch überdeutliche Sprechen mit Babys so wichtig.

Ab dem dritten bis zum sechsten Monat werden anfänglich noch sehr kleine Laute immer deutlicher. Das Baby spiegelt Laute, die du machst, so gut es kann wider. Es braucht vielleicht ein paar Sekunden oder auch eine Minute, aber hab die Geduld! Dabei versteht es die Inhalte der Sprache noch nicht, aber es übt, wie Laute geformt werden, die irgendwann zur verständlichen Sprache werden.

Zwischen dem sechsten bis zehnten Lebensmonat erkennt dein Kind bestimmte Laute und Worte. Gutenachtlieder, Reime, Lieder mit Bewegung sind nun ganz wichtig, und dein Baby freut sich so sehr, wenn es etwas nach- und mitbrabbeln kann.

Wenn du das Gefühl hast, dass dein Baby gegen Ende dieser Phase Laute noch nicht wiedergibt oder nachahmt, mache dir keine zu großen Sorgen, aber lass es gerne kinderärztlich oder von dem oder der Hals-Nasen-Ohren-Ärzt*in checken. Nur wer gut hört, kann auch die Sprache gut entwickeln!

In der darauffolgenden vierten Phase der Sprachentwicklung kommen nun die Worte. Dein Kind kann Gegenstände schon mit den dazugehörigen Lauten verknüpfen und weiß beispielsweise, dass der Ball »Ball« ist. »Papa« und »Mama« sind Silbenwiederholungen und daher einfach zu bilden – außerdem sind es natürlich ganz wichtige Worte für euren kleinen Schatz!

Jedes Kind ist in der Sprachentwicklung einzigartig. Ganz bald erzählt ihr euch von all den tollen Dingen, die ihr schon erlebt habt!

Sollte ich Babysprache nutzen?

Ja! Aber: Erziehe dein Kind nicht dazu, zum Auto später »Brumbrum« zu sagen – das verstehe ich nicht unter Babysprache.

Babysprache zu nutzen bedeutet, dass du dich darauf einlässt, deinem Baby zuzuhören und seine Laute deutlich und betont zu wiederholen. Die Laute, die dein Baby äußert, stecken voller Emotionen, und es freut sich, wenn du diese spiegelst und zeigst, dass sie sinnvoll sind!

Führe richtige Laut-Zeiten ein und falle deinem Baby nicht ins »Wort«. Warte ab, bis es antwortet. Das kann schon mal ein bis zwei Minuten dauern.

Verlegt eure Laut-Zeiten gerne auch in den Wald und hört gemeinsam zu, wie die Natur kommuniziert. Knarren, Plätschern, summende Fliegen sind Geräusche, die sinnvoll sind und zum Wortschatz gehören.

Wie bereite ich mich auf das Zahnen des Babys vor?

Manchen Babys macht das Zähnekriegen kaum etwas aus, andere haben schon sehr damit zu kämpfen. Das kannst du vorher nicht wissen oder vorbereiten. Wenn es so weit ist, wirst du spüren, was dein Baby nun braucht.

Zur Beruhigung ist ein Waschlappen, an dem dein Baby lutschen kann, gut geeignet. Beißring oder Greifling vorher in den Kühlschrank legen, dann helfen sie noch besser. Zur Zähnchen-Pflege nutze eine sanfte Babyzahnbürste oder einen Fingerling.

In der Regel beginnt der Zahnungsprozess mit circa sechs Monaten. Es kann aber auch sein, dass erst mit über einem Jahr der erste Zahn zum Vorschein kommt! Das ist nicht unbedingt ein Grund zur Sorge, doch sollte mit eineinhalb Jahren noch kein Zähnchen in Sicht sein, würde ich ärztlichen Rat einholen.

Wenn es dann so weit ist: Herzlichen Glückwunsch zum ersten Zähnchen! Mache nun unbedingt ein Foto von deinem Schatz, dieser Meilenstein soll festgehalten werden.

Wie bringe ich meinem Baby bei, dass es nicht alles in den Mund nehmen darf?

Wenn es anfängt, alles in den Mund zu nehmen, dann hat dein Baby die orale Phase erreicht. Es nimmt nun ganz natürlich alles in den Mund, was ihm in die Händchen fällt oder um es herum erreichbar ist. Dein Schlüssel und der Fliesenboden werden abgeleckt, die Sofakissen und deine Kleidung werden ebenfalls mit der Zunge erforscht, und die Spielsachen wandern direkt in den Mund. All das ist sehr wichtig für die Entwicklung deines Kindes, also begegne seinen Erforschungen bitte nicht mit einem »Bäh« oder zeige dich auf andere Weise angeekelt.

Nimmt es etwas in den Mund, was dort wirklich nicht sein soll, dann hebe dein Baby hoch, entferne es von dem Gegenstand oder nimm diesen langsam weg.

Achte darauf, deinem Kind nicht das Gefühl zu vermitteln, dass dieses neugierige Erkunden nicht in Ordnung ist. Es kann später nur wissen, wie die Welt schmeckt und sich anfühlt, wenn es in der oralen Phase forschen durfte. Ein Kind hat viel mehr Geschmacksknospen als Erwachsene, und all das Abschlecken und Probieren sendet wichtige Botschaften an das Gehirn.

Lasse es zu und lasse dein Baby seine Welt entdecken!

Wie kann ich mein Baby schützen, wenn es anfängt zu krabbeln und zu klettern?

Als Mama hast du immer ein wachsames Auge auf dein Baby, doch du sollst es nicht durch deine eigene Unsicherheit einschränken. Vertraue deinem Baby, wenn es anfängt zu robben und zu krabbeln. Lasse es in die Bewegung kommen!

Wenn es sich das erste Mal hochzieht, sei nicht übervorsichtig und halte es fest. Achte auch auf deine Worte und Körpersprache, während dein Baby nun daran arbeitet, in eine aufrechte Stellung zu kommen.

»Oh pass auf, ich habe Angst«, denkst du vielleicht. Das sollte aber weder unterbewusst noch durch deine laut ausgesprochene Warnung Teil dieses Prozesses sein.

Positioniere dich, wenn du wirklich unsicher und ängstlich bist, still hinter deinem Baby, während es austestet, was es schon alles schaffen kann. Lasse es Wege finden, wie es nach oben und wie es auch wieder herunterkommt. Babys sind so viel schlauer und findiger, als besorgte Mamas sich vorstellen können.

Projiziere deine Vorsicht-Gedanken nicht ins Köpfchen deines Kindes. Du willst doch, dass es sicher und selbstbewusst durchs Leben geht. Da ist jeder Anfang wackelig und auch mit einem harmlosen Plumpser auf den Windel-Po verbunden.

Wenn du die Angst, dass dein kleiner Schatz stürzt und sich den Kopf stößt, nicht loslassen kannst, dann setze ihm in der ersten Erkundungsphase ein Mützchen auf. Es ist kein Helm, den braucht es nicht! Es dient hauptsächlich deiner inneren Ruhe.

Lasse dein Kind sein Zuhause erkunden, neue Blickwinkel einnehmen und stolz mit dem eigenen Körper umgehen. Es wird mit Freude und Zuversicht seine Welt erkunden!

Was, wenn ich das Gefühl habe, nichts wirklich richtig zu machen?

Dieses Gefühl gehört leider einfach dazu. Selbst wenn es nicht dein erstes Kind ist, erlebst du noch immer erste Male, in denen du dich unsicher fühlst. Ich kann dir aus Erfahrung sagen: Es wird mit dem Alter nicht besser, es passiert uns allen. Das ist gleichermaßen beruhigend wie beunruhigend.

Schiebe deine Gefühlslage nicht auf dein Kind, sondern schaue in dich hinein. Versuche herauszufinden, woher deine Unzufriedenheit rührt. Was fehlt dir, um mit dir und deinem momentanen Leben glücklich zu sein?

Solltest du ein grundsätzliches Gefühl haben, alles falsch zu machen, wende dich an eine Vertrauensperson und ziehe therapeutische Hilfe in Betracht. Nicht zwingend ist eine Therapie nötig, aber ein paar Stunden, in denen du lernst, deine Gefühle einzuordnen, können dir sehr viel Stärke und Sicherheit schenken (siehe S. 250)!

Vor kurzem hat sich eine Mutter an mich gewandt, die im Inneren zutiefst unzufrieden war. Im Gespräch erzählte sie mir, dass ihr alles über den Kopf wachse, dass sie nicht mal den Haushalt schaffe. Ein Gefühl, das wir doch alle kennen! Diese äußerliche Unordnung war sicher nicht das ganze Bild, aber ein lösbarer Teil davon. Ich habe ihr geraten, sich in der Betreuung Hilfe zu suchen und ihren Wohnraum so herzurichten, dass sie sich wieder wohlfühlt. Nicht nur putzen, sondern auch eine neue Vase mit schönen Blumen, ein farbenfrohes Kissen und weniger Spielsachen in den Ecken. Ein aufgeräumtes und schönes Zuhause, in dem man sich wohlfühlt, ist nicht die Lösung allen Übels, aber ein Schritt in die richtige Richtung!

Wie schaffe ich es, mich in meiner Elternrolle nicht ständig mit anderen zu vergleichen?

Du bist für dein Baby die beste Mama. Wenn es sich für dich nicht so anfühlt und du stattdessen bei anderen scheinbar siehst, wie es viel besser sein könnte, ist das schade und sicher schwer zu ertragen.

Vereinbare ruhig eine Beratungsstunde bei einer Familientherapeutin oder beim Kinderschutzbund, in der du fachliche Hilfe erfährst und einen objektiven Blick auf deine Situation erhältst. Löse dich von Schein-Weisheiten und vom Vergleichen.

Es gibt eine schöne Übung, die du ausprobieren kannst, um deine Selbstsicherheit zu finden: Lege eine Schnur auf den Boden und versuche gerade auf ihr zu gehen. Gewinne Haltung, finde deine Balance auf dich allein gestellt. Der Blick nach links oder rechts bringt dich nur zum Wackeln. Bleib bei dir!

Wenn du in dir fest bist, ist es egal, was andere haben, können oder tun.

Was kann ich tun, wenn ich mich von anderen Müttern nicht akzeptiert fühle und sie mir das Gefühl vermitteln, keine gute Mutter zu sein?

In meiner jahrelangen Betreuung begegnen mir solche Fälle leider immer wieder. Es ist ein Phänomen, das ich als sehr schmerzhaft einstufe: Mama-Mobbing. Dieser Begriff mag hart klingen, beschreibt jedoch eine real existierende Problematik, bei der Mütter einander abwerten und stark beurteilen.

Ich wünsche mir, dass du davon nicht betroffen bist oder diese Art von Be- und Verurteilung nicht zu sehr an dich heranlässt. Leider ist es so, dass insbesondere in der sensiblen Phase der frühen Mutterschaft, wenn Hormone und Emotionen oft Achterbahn fahren, selbst nicht böse gemeinte Worte tief treffen können. Man nimmt Dinge persönlicher, als sie vielleicht gemeint sind.

Beispiele für solches Mobbing können Kommentare sein wie: »Dein Baby ist zu fixiert auf dich« oder »Dein Baby ist aber ganz schön dick, kein Wunder, bei den Flaschen, die du gibst«. Oder Urteile wie: »Was, du arbeitest schon wieder?« – oder auch das Gegenteil: »Du bist nur zu Hause beim Kind?«

Mütter sollten sich gegenseitig stärken. Suche dir ein Umfeld, in dem das möglich ist und das von Respekt und Unterstützung geprägt ist. Hast du Menschen in deinem Leben, die hinter dir stehen, kannst du dich besser vor negativen Einflüssen schützen und gleichzeitig eine stärkende Atmosphäre für andere schaffen.

Wenn dir andersrum etwas bei anderen auffällt, das dir im Umgang mit deren Kindern nicht gefällt, gehe bedacht mit deiner Kritik um. Frage dich, ob dein Feedback wirklich aus guter Absicht passiert, und wäge genau ab, was und wie du etwas sagst. Mütter sind bezüglich ihrer Kinder besonders sensibel und nehmen Kritik oft schwer auf.

Das bedeutet nicht, dass man nichts sagen darf oder soll. In Freundschaften gilt: Kritik sollte aus einer wohlmeinenden Intention heraus geäußert werden. Zeige Interesse an der anderen Person und eröffne ein solches Gespräch immer mit der Absicht, mehr über die Gründe für den Umgang herauszufinden, der dir vielleicht negativ aufgefallen ist.

Letztlich ist wichtig, in dir selbst und in deinem engsten Kreis sicher zu stehen. Du schaffst dir deinen Selbstschutz, den du nicht nur auf dich und deine Familie, sondern auch auf andere Mütter ausweiten kannst.

Liebe Mütter,
bewertet oder entwertet euch nicht untereinander.
Interessiert euch füreinander und achtet aufeinander.
Mamas sind sensibel, wenn es um ihre Kinder geht.
Lasst uns darauf achtgeben und wertschätzen, welch
großartigen Job alle auf ihre Weise leisten!

Geschwister-(liebe)

Ein weiteres Kind bringt ganz schön Trubel ins Familiengefüge! Jetzt verändert sich vieles, doch vorher Gefestigtes darf sehr gerne bleiben. Begleitet euer erstgeborenes Kind durch diesen Prozess und freut euch gemeinsam darauf, dass nun noch mehr Liebe einziehen darf!

Es ist eine Zeit des Wachstums und der neuen Erfahrungen. Gemeinsame Rituale und offene Kommunikation helfen dabei, die Übergangsphase harmonisch zu gestalten. Freut euch auf die vielen besonderen Momente, die das wachsende Familienglück mit sich bringt.

Wie verkünde ich meinem Kind, dass es ein Geschwisterchen kriegt?

Das ist altersentsprechend unterschiedlich zu handhaben.

Einem sehr jungen Kind (eineinhalb bis zweieinhalb Jahre) würde ich ab der Mitte der Schwangerschaft erklären, dass da ein Baby in Mamas Bauch ist. Zu diesem Zeitpunkt kann das Kind sein Geschwisterchen schon unter der Bauchwölbung vermuten und besser verstehen, dass da wirklich jemand heranwächst.

Zum zusätzlichen Visualisieren empfehle ich, eine Puppe oder ein Kuscheltier in den Monaten vor der Geburt hinzuzuziehen. Zeige anhand des Hilfsmittels, wie das Baby später auf deinem Arm gestillt wird, wie es das Fläschchen kriegt, wie es gewickelt wird. Hauche der Puppe oder dem Kuscheltier ein wenig Leben ein, indem du es im Rollenspiel mit deinem Kind interagieren lässt. Dieses Spiel hilft deinem noch so jungen Kind, zu verstehen, wie es später mit dem Geschwisterchen sein wird. Worte sind noch zu komplex und schwer mit seinem Hier und Jetzt verknüpfbar.

Ab einem Alter von drei Jahren kann schon sehr viel mehr erklärt werden: »Weißt du was? Du bekommst bald ein Geschwisterchen!« Oder: »Wir freuen uns so darauf, bald zwei Kinder zu haben.«

Fällt dir auf, dass sich diese Sätze auf Fakten und Elterngefühle beziehen? Das ist bewusst so. Du kannst deinem Kind keine Gefühle aufzwingen, indem du sagst: »Du wirst jetzt große Schwester, ist das nicht wunderschön?«

Dein Kind weiß noch nicht, ob es wunderschön ist, und ist mit dieser Frage überfordert. Sie könnte sogar dazu führen, dass es das Gefühl hat, etwas falsch zu machen, weil es diese schönen Gefühle noch gar nicht fühlen kann.

Es gibt noch etwas, das mir an dem obigen Satz nicht gefällt. Die Einordnung als »große Schwester«. Zu sagen, dass dein Kind nun plötzlich die oder

der Große ist, setzt es unter Druck. Wir Erwachsenen meinen das voller Stolz, und auch Kinder können es bestimmt irgendwann so verstehen, aber zunächst wissen sie nicht, was dieses Groß-Sein denn nun bedeutet. Was ist denn plötzlich los, dass es nicht einfach es selbst sein kann – weder groß noch klein? Dein Kind wird ein Geschwisterkind. Das ist völlig ausreichend als Einordnung.

Der Tag, an dem dein Kind von dem neuen Baby in deinem Bauch erfährt, ist ein ganz besonderer, und so soll er auch gefeiert werden. Mache ein Foto fürs Familienalbum und zeige deinem Kind, dass du selbst so froh bist, bald zwei Schätze im Leben zu haben!

Wie bereite ich das Geschwisterkind auf das Leben mit dem Baby vor?

Wie schon am Puppen-Beispiel gezeigt, können Rollenspiele eine gute Visualisierung des Gesagten sein.

Die größte Umstellung für dein Kind wird die geteilte Aufmerksam mit der Geburt des Babys sein. Damit diese nicht ganz plötzlich und überfordernd kommt, kannst du bereits in der Schwangerschaft Allein-Zeiten und Wartezeiten von zunächst fünf Minuten bis hin zu zwanzig Minuten einführen. In dieser Zeit bist du als Mama außen vor und blätterst beispielsweise in einer Zeitschrift. Dein Kind soll sehen, dass du theoretisch im Raum bist, aber es trotzdem nun für sich spielen soll. Die Akzeptanz, dass du zwar da, aber beschäftigt bist, wird dir mit dem Neugeborenen sehr helfen! Mamas können viel, aber gleichzeitig das Baby stillen und mit Bausteinen bauen sollte nicht das Ziel sein.

Signalisiere nach einer dieser Wartezeiten, dass dein Kind das ganz großartig gemacht hat und du dich nun so richtig auf gemeinsame Zeit freust.

Kinder können auch schnell in die Verlustangst kommen, wenn ihre vertrauten Gegenstände nun auf einmal nicht mehr ihnen, sondern dem Baby gehören. Deshalb empfehle ich, Kindern von drei bis vier Jahren nicht das Bettchen wegzunehmen, damit das Baby darin schlafen darf. Das Gefühl, dass alles, was es hat, jetzt dem Baby gehört, macht Angst. Dein Kind kann nicht einordnen, wo dieses Abgeben aufhört und was es noch alles loslassen muss.

Mit der Zeit, wenn ihr euch alle eingelebt habt, ist es sicher schön für dein erstes Kind, wenn es sich nun tolle neue Möbel aussuchen darf und die alten stolz dem Geschwisterchen schenken kann!

Wie gestalte ich die erste Geschwister-Begegnung?

Ich kann mich noch genau an den Moment erinnern, als mein erster Sohn seinen Bruder kennenlernen durfte. Ein unvergesslicher Augenblick, den ich so tief in meinem Herzen trage.

Meine Empfehlung für die erste Begegnung unter Geschwistern klingt für viele unvorstellbar. Aber bevor du sagst: »Ach Heike, wie soll denn das gehen?«, gib mir eine Chance und überlege, ob es wirklich nicht vorstellbar ist. Ich hatte schon einige Eltern in meiner Beratung, die es trotz anfänglicher Bedenken umgesetzt haben und mir dann glücklich davon erzählt haben, wie schön das Kennenlernen war.

Ist dein Kind es schon gewohnt, ein, zwei Nächte bei den Großeltern oder anderen Bezugspersonen zu schlafen, soll es genau das tun, während du das Geschwisterchen in der Klinik zur Welt bringst.

Solltest du stationär entbinden, darf dein älteres Kind natürlich zu Hause beim zweiten Elternteil sein, aber – Achtung, nun kommt ein Schocker – den Besuch in der Klinik möchte ich vermeiden.

Nun kommt der zweite Schocker: An dem Tag, an dem ihr Eltern mit dem Neugeborenen aus der Klinik zu Hause ankommt, soll das erste Kind mindestens eine Nacht auswärts schlafen.

Zunächst kommt ihr an, so wie ich es schon vorher beschrieben habe. Ihr lernt eure Plätze kennen und genießt euer Neugeborenes mit ungeteilter Aufmerksamkeit. Die Wäsche wird auf magische Weise von jemandem aus der Familie gewaschen, das Essen wird euch gebracht. Ihr habt keine Ablenkung und genießt den ersten Tag und auch die erste Nacht als erneut frischgebackene Eltern.

Für das ältere Kind ist es nicht einfach möglich, mitzulaufen und euch Eltern trotzdem zu erlauben, diesen ersten Tag mit dem Neugeborenen so intensiv zu genießen. Es möchte auch Aufmerksamkeit und sich nicht aus- →

geschlossen fühlen. Ihr würdet euch den Moment mit dem Baby nehmen, und es ist auch für das ältere Kind ein schöneres Gefühl, in eine entspannte Atmosphäre zu gelangen – in der auch ihr schon angekommen seid.

Legt das Baby für das Kennenlernen auf eine Krabbeldecke auf dem Boden. Am besten an einen Platz, an dem es sich in Zukunft oft befinden wird. Das ältere Kind kann sich dazulegen und sieht nicht sofort die belegte Mama, die das Baby nun hält und keine Hand mehr frei hat.

Lasst die beiden sich entdecken, als Eltern sitzt ihr in der Nähe, müsst aber nicht mittendrin sein.

Schenkt dem älteren Geschwisterchen etwas, das symbolisiert, dass heute ein ganz besonderer Tag ist. Einen Fotoapparat, den es selbst bedienen und mit Geschwister-Fotos füllen kann, ein besonders schönes Kleidungsstück für die Puppe oder ein neues Kinderbuch, das ihr gemeinsam anschauen könnt, wenn das Baby schläft. Schreibt dazu eine Karte, die ihr für euer Kind aufhebt, und haltet fest, wie sehr ihr euch als Eltern auf das Kennenlernen der beiden größten Schätze in eurem Leben gefreut habt.

Ich kann natürlich verstehen, wenn diese Variante nicht umsetzbar ist, aber wenn es irgendwie geht, traut euch!

Sollte die Begegnung unbedingt schon in der Klinik stattfinden, sollte dieses Kennenlernen auf dem heruntergefahrenen Klinikbett geschehen. Das Baby sollte so liegen, dass das ältere Geschwisterchen vorsichtig dazuklettern kann. Auch in diesem Setting sollen die beiden den Raum kriegen, sich gegenseitig zu erkunden.

Was im Anschluss nun eine Herausforderung werden kann, ist der Abschied. Das ältere Kind kann vielleicht noch nicht verstehen, wieso es nun wichtig ist, dass die Mama noch in der Klinik bleibt, um zu heilen. Der Trennungsschmerz wird dann durch

Eifersucht verstärkt, da das neue Baby bei Mama bleiben darf. Junge Kinder können hier nicht rational denken und es erfordert sehr viel Einfühlungsvermögen, um mit dieser Situation umzugehen.

Ganz egal, wie ihr es macht:
Habt Geduld mit euren Kindern und mit euch.
Dies ist ein großer Tag, zu dem große Gefühle gehören.

Wie integriere ich mein älteres Kind in das Leben mit Baby?

Alles, was auf dem Boden stattfindet, darf dein erstgeborenes Kind mitmachen. Das Wickeln auch nur auf dem Boden, die Wickelkommode ist Tabu. So kommt es nicht in Versuchung, das Baby irgendwo raufl egen zu wollen.

Integriere beide Kinder in die Babygymnastik. Leite dein älteres Kind an und zeige ihm, wie es sein Geschwisterchen an welchem Körperteil anfassen und bewegen kann. Mit den Beinchen Fahrrad fahren ist super, die Ärmchen und alles, was das Stützen des Köpfchens beinhaltet, sind noch nicht geeignet.

Wenn du das Baby stillst, bereite eine kleine Snack-Schüssel vor, die am Stillplatz auf dein älteres Kind wartet. Es darf nun neben euch in einem Buch blättern oder ruhig spielen und ist somit integriert, ohne dass du aktiv beteiligt bist.

Bitte das ältere Geschwisterchen um Hilfe, wenn es um das Zubringen geht. Es darf dem Baby den Greifling oder die Lieblingsdecke bringen und ihm anschließend eine Geschichte erzählen und zusammen kuscheln. Du bist als Elternteil wachsam, lässt den beiden aber auch etwas Spielraum.

Wichtig ist auch, dass du die neuen Regeln erklärst und untermalst. Während der Schlafenszeit des Babys darf es nicht geweckt werden oder in seiner Nähe laute Geräusche gemacht werden. Aber weißt du was? Jetzt hat die Mama nur Zeit für dich!

Wie schaffe ich es, dem Geschwisterkind seinen gewohnten Alltag nicht zu nehmen?

Da kann ich dir sofort den Stressgedanken nehmen: Es klappt eh nicht! Der Alltag ist mit Geschwisterchen anders, denn es gehört nun jemand mehr dazu.

Es ist zwar schwer, aber das Neue sollte nicht zu sehr thematisiert und bewertet werden. Versuche nicht krampfhaft, deinem Kind Gefühle vorzugeben und es darauf hinzuweisen, wie schön und toll nun doch alles ist, da das Baby endlich da ist. Lebe eine Selbstverständlichkeit vor!

Nicht alle Routinen und Rituale sollen sich ändern, denn dein Erstgeborenes braucht seinen Halt. Führe deshalb nötige Änderungen schon vor der Geburt des Geschwisterchens ein, damit sie später nicht unverhofft den Alltag durchqueren.

Bereichere den Alltag, in dem ein Elternteil in einem festgelegten Zeitrahmen dem älteren Kind ungeteilte Aufmerksamkeit schenkt. Dazu zählt nicht der Besuch beim Kinderturnen oder Fußball. Da hat das Kind nichts von Mama oder Papa! Der Kurs-Besuch ist natürlich weiterhin erlaubt, wenn das Kind Spaß daran hat, aber zusätzlich sollten Ausflüge unternommen werden, die echte gemeinsame Zeit bedeuten. Da ist es auch fast egal, ob es der Besuch auf dem Spielplatz, das gemeinsame Eisessen oder das Spiel im Garten ist.

Nach ein paar Monaten darf das Baby auch mal ein paar Stunden bei einer Vertrauensperson sein, und ihr verbringt zu dritt Zeit zusammen.

Solche Kleinigkeiten bleiben euch allen positiv im Gedächtnis und können Eifersucht und destruktivem Verhalten vorbeugen oder sie zumindest abschwächen. Diese abwehrenden Gefühle gehören allerdings auch zum Alltags-Wechsel dazu. Verurteile sie nicht und lasse dein Kind in einem geschützten Umfeld fühlen.

Wie gehe ich damit um, wenn das ältere Geschwisterkind das Baby nicht akzeptiert?

Das ist etwas, das du dann erst mal akzeptieren musst. Sprich deinem Kind seine Gefühle nicht ab oder mache ihm zusätzlich ein schlechtes Gewissen.

Wenn es so fühlt, ist es echt. Zu sagen, dass doch alles toll ist mit dem Geschwisterchen, verstärkt die Ablehnung im schlimmsten Fall. In ihm passiert so viel, es braucht nun deinen Halt.

Wähle einen neutralen Ton und gestehe auch mal ein, dass das Leben nun anders und auch anstrengend ist. Doch trotzdem bist du als Mama sehr glücklich, dass sich der Wunsch, zwei Kinder zu haben, nun erfüllt hat. Zeige deine Freude, aber erzwinge sie

nicht von deinem Kind, sondern begegne ihm mit Liebe und einer positiven Bindung.

Drückt dein Kind seine Gefühle offen aus, höre gut zu und überschütte es nicht mit Lösungsansätzen. Frage es stattdessen lieber, was es nun braucht. Oftmals hilft eine Umarmung, den großen Gefühlsschmerz kleiner zu machen.

Gewähre deinem älteren Kind seinen Spielraum, indem das Baby durch eine Krabbeltür oder Ähnliches nicht in diesen eindringen kann. Niemand mag es, wenn der sorgsam aufgebaute Turm durch ungeschickte Babybewegungen zu Fall gebracht wird.

Was ich öfter mitkriege, ist das Manipulieren von Kindern, um eine gewisse Gefühlslage hervorzurufen. »Das macht die Mama nun aber traurig, dass du das sagst.« Diese Art von Aussage tut allen Beteiligten weh und ist unfair. Bist du wirklich enttäuscht von der Reaktion deines Kindes, behalte es für dich oder besprich deine Gefühle mit deinem Partner oder deiner Partnerin.

Du muss nun durchhalten und darauf vertrauen, dass sich die Beziehung deiner Kinder verändern wird, je besser sie sich kennenlernen und verstehen. Dazu braucht es den emotionalen Raum und Zeit. Auch wenn sie älter sind, müssen sie sich nicht immer toll finden, das ist ganz normal. Typisch Geschwister!

Solltest du jedoch merken, dass die negativen Gefühle deines Kindes über mehrere Monate hinweg bleiben oder sich sogar verstärken, hole eine fachliche Perspektive mit ins Boot. In einer Kindertherapie können Ursachen geklärt und Lösungswege aufgezeigt werden.

Dein älteres Kind möchte nicht in den negativen Gefühlen gefangen sein, es kann sich nur nicht immer selbst dort herausholen. Dafür hat es dich, und du hast professionelle Ansprechpartner*innen.

Rituale und Traditionen

Setzt euch als Eltern schon in der Schwangerschaft zu einem Elternmeeting zusammen und sprecht darüber, welche Rituale, Feste und Traditionen ihr aus eurer Kindheit in euer Familienleben integrieren möchtet. Dieses Gespräch lädt zum Träumen ein und ist superspannend, weil ihr sicherlich Dinge voneinander erfahrt, die ihr so noch gar nicht wusstet!

Welche Rituale »gewinnen«, wenn wir Eltern mit unterschiedlichen groß geworden sind?

Wie spannend, dass ihr so unterschiedlich groß geworden seid! Erzählt euch von euren Ritualen und Traditionen, und hört wirklich zu, ohne direkt erklären zu wollen, wie es bei euch »richtig« gemacht wird.

Nun ist Teamarbeit gefragt. Ihr habt das gleiche Recht, euer geliebtes Ritual in die Familie mitzubringen. Stellt euch gleich. Seid in eurem Umgang miteinander bereichernd, nicht abweisend.

Kombiniert eure Feste und Rituale, findet Kompromisse – oder wisst ihr was? Vielleicht feiert ihr einfach doppelt so viel!

Welche Meilensteine sind wichtig?

Bestimmt erst mal, was für euch als Familie Meilensteine überhaupt sind. Es gibt keine Vorgabe, ihr seid ganz frei darin, sie selbst auszusuchen. Ein Meilenstein ist also alles, was ihr wollt, und so wichtig, wie ihr ihn einstuft!

HIER EIN PAAR MEILENSTEINE, DIE EURE LISTE INSPIRIEREN KÖNNTEN:

- die Fahrt in die Klinik, um euer Baby endlich kennenzulernen
- die Rückkehr nach Hause als Familie
- das erste Lächeln
- die erste durchgeschlafene Nacht
- das Abstillen
- der erste Brei
- der erste Laut
- das erste Wort
- das erste Mal drehen

→ Welche Meilensteine sind wichtig?

Ich könnte die Liste nun schon für euch füllen, doch das ist eure Aufgabe. Geht voller Vorfreude an dieses Projekt und malt euch schon vor dem Erreichen des Meilensteins aus, wie wunderschön der Moment sein wird.

Vergesst in eurer Liste auch nicht die Meilensteine, die euch als Eltern betreffen. Und auch nicht diejenigen, die sich an die Paarebene wenden. Das erste Mal ausgehen ohne Kind ist ein riesengroßer Meilenstein, den ihr unbedingt feiern solltet! Fügt neue Meilensteine hinzu, feiert aber auch noch die alten wie euer Kennenlernen, den Hochzeitstag oder den Jahrestag des positiven Schwangerschaftstests. Vielleicht war der Weg zum positiven Test ein sehr langer und schmerzhafter. Durch das Feiern der lang ersehnten Erlösung verknüpft ihr die einst schwere Reise mit etwas so Positivem!

Auch gemeinsame Familien-Meilensteine sollen gefeiert werden: ein Umzug, eine neue Wandfarbe, ein Urlaub, eine Routine, die sich nun normal anfühlt.

Feiert mit Blumen, einem Kaffee in der Sonne oder einfach mit einem Gespräch, in dem ihr euch die Besonderheit dieses Momentes bewusst macht. Haltet eure Meilensteine in einem Foto fest oder schreibt sie auf. Dazu könnt ihr auch eine schöne Pinnwand mit all den gesammelten Erinnerungen gestalten und diese Meilenstein für Meilenstein mit mehr Leben füllen.

Es gibt so viele Momente im Leben, durch die wir einfach durchhetzen. Wir sollten viel mehr Kleinigkeiten im Leben eine Bedeutung zuteilwerden lassen. Das sind unsere Meilensteine.

Ist eine Taufe zu viel für das Baby im ersten Jahr?

Eine Feier, um euer Kind willkommen zu heißen, ist schön für euch und eure Familie. Für euer Baby ist so ein Fest in erster Linie ein Ausbruch aus der bekannten Routine. Das kann sehr schön sein! Die Besonderheit und Umstellung sollten aber natürlich mitgedacht werden.

Ihr entscheidet, ob es ein säkuläres Fest geben wird, eines ohne religiösen Hintergrund, oder keine Art von Feier. Das ist eure Elternentscheidung, und eure Familien werden sich freuen mitfeiern zu dürfen, wenn es dazu kommt.

Wie genau diese Feier aussieht, liegt in euren Händen, und ich bin mir sicher, dass es ein ganz wundervolles Fest wird, das viele Fotos mit sich bringen und allen Anwesenden Freude bereiten wird.

Schmückt die Kaffee- und Kuchentafel mit Lieblingsblumen, stellt die Tauf- oder Willkommenskerze der Paten an einen schönen Platz und gestaltet die Runde auch mal aktiv! Begebt euch auf einen Spaziergang in gemütlicher Runde, lasst die Paten vielleicht ein paar Worte sagen und genießt diese Lebensfeier.

Wie etabliert man Traditionen und Rituale im Alltag?

Mit Regelmäßigkeit! Wenn sich ein Ablauf natürlich anfühlt, passt er zu euch und wird sich automatisch im Familienleben etablieren.

Euer Kind wächst mit euren Traditionen und Ritualen auf und wird sie als ganz natürlich ansehen. Das Schmücken des Weihnachtsbaumes, das Körbchen für die Eiersuche, das gemeinsame Kuchenbacken am Tag vorm Geburtstag, der Gutenmorgenkuss, das Händewaschen vorm Essen (ja, auch Unbeliebtes gehört zur Routine), die Gutenachtgeschichte, der witzige Tanz, wenn Mama von der Arbeit kommt, der Laubhaufen im Herbst. Diese Kleinigkeiten sind die Kindheits-Anker, die ihr jetzt auswerft.

Schaut euch im Elternmeeting regelmäßig an, welche Traditionen und Rituale es momentan in der Familie gibt. Sind es zu viele oder fehlen euch welche? Es macht Spaß, alles anzuschauen und das eigene Familienbild zu erschaffen!

TRAGT HIER RITUALE UND TRADITIONEN EIN, DIE IHR EUREM KIND FÜRS LEBEN SCHENKEN MÖCHTET:

Sollte man im ersten Jahr schon den Geburtstag feiern?

Natürlich! Im passenden, kleinen Rahmen. Zur Geburt durften nicht alle in den Kreißsaal, dementsprechend müssen auch nicht alle Menschen aus eurem Leben beim ersten Geburtstag schon dabei sein. Noch bevor die Gäste am Nachmittag kommen, feiert ihr für euch diesen besonderen Meilenstein am Geburtstagstisch.

Dieser sollte übrigens für alle Familienmitglieder zum Geburtstag gedeckt und individuell geschmückt sein – ganz egal, wie alt oder jung!

Zieht dem Geburtstagskind ein besonderes, neues Outfit an, zündet eine Kerze auf einem Mini-Kuchen an, den das Kind schon essen kann. Stellt die Blume, die dem Geburtsmonat eures Kindes entspricht, im Haus auf und macht so deutlich, dass dies kein Tag wie jeder andere ist.

Überreicht vor der Geschenkeflut, die ihr im besten Fall auch kontrolliert, euer Geschenk. Ich finde ein Fotobuch mit Fotos aus dem Familienleben großartig, in dem euer Kind selbst blättern darf. Euer Baby freut sich über Fotos von euch, wie es euch kennt, vom Teddy, mit dem es immer kuschelt, vom Kinderwagen, von einer Blume, die es gerne im Garten sieht. Generell gilt: Füllt das Buch mit Fotos von Menschen und Dingen, zu denen euer Kind eine persönliche Verbindung und einen Bezug im echten Leben hat. Das müssen nicht die tollsten Fotos sein, Hauptsache, euer Baby erkennt seine Lieblinge!

Es gibt extra Seiten, die recht reißfest sind, aber lasst auch zu, dass dieses Büchlein ein paar Knicke abkriegt. →

→ Sollte man im ersten Jahr schon den Geburtstag feiern?

Es gehört schließlich dem Geburtstagskind!

Schenkt eurem Kind außerdem noch einen Spaziergang, bevor die Feier startet. Schön ist es, wenn ihr das zu dritt schafft. Wenn aber ein Elternteil noch Vorbereitungen treffen muss, geht es auch zu zweit. Gestaltet diesen Spaziergang gerne in der gleichen Runde wie sonst auch, damit nicht mit allen Routinen gebrochen wird. Mit der Ausnahme, dass ihr heute besonders viel Ruhe ausstrahlt.

Nun kommen auch schon die Gäste zum Kaffee und Kuchen – lasst euch von ihnen gerne auch unter die Arme greifen! Wichtig ist es, vorher schon festzulegen, wie lange die Feier gehen wird. Wenn alle da sind, wird selbstverständlich für das Geburtstagskind gesungen. So werden die Erwachsenengespräche durchbrochen, und das Geburtstagskind steht im Fokus. Ob es die Aufmerksamkeit mag, spürt ihr ganz schnell.

Bei der Geschenkevergabe empfehle ich, nicht alles auf einmal und hektisch zu überreichen. Die Erwachsenen packen die Geschenke für das Geburtstagskind aus. Es darf natürlich helfen, soll aber nicht mit einer motorischen Aufgabe überfordert werden, die es noch nicht bewältigen kann.

Was den Inhalt des Geschenkpapiers angeht, sollte sich innerhalb der Schenkenden im besten Fall abgesprochen werden. Mein Rat: Wir wollen ein Laufkind! Also noch kein Rädchen, sondern etwas, das das Kind ins aktive Spielen und Laufen bringt. Das können Bausteine, Bälle, aber auch ein Teddy fürs kreative Rollenspiel sein. Oder wie wäre es mit einer Messlatte, auf der nun regelmäßig dokumentiert wird, wie groß das stehende Kind ist? Ausflüge, wie ein Tag allein mit Oma, sind die wertvollsten Geschenke – auch für die Eltern.

Schön ist auch ein Geschenk, für das sich vielleicht alle Gäste zusammengetan haben. Dieses kann dann begleitet vom Geburtstagslied und Seifenblasen übergeben werden.

Geht nach der Geschenke-Aufregung in kleiner Runde auch gerne für einen Spaziergang nach draußen. Das minimiert die Geräuschkulisse und gibt euch und dem Geburtstagskind die Möglichkeit, frische Luft zu schnappen.

Vielleicht ist es Tradition, dass Geburtstage bei euch in der Familie sehr groß und ausgelassen gefeiert werden. Dann dürft ihr das bei eurem Kind natürlich auch so handhaben, aber meine Empfehlung bleibt, so wenig Stress wie möglich beim Geburtstagskind und auch bei den Eltern zu verursachen. Steht ihr nur in der Küche oder umsorgt die Gäste, erlebt euer Kind euch nicht, und ihm entgeht womöglich die Freude, die ihr ihm zuteilwerden lassen wollt. In erster Linie soll euer kleiner Familienkern diesen ganz besonderen Tag doch genießen können.

Und wenn alle Gäste dann gegangen sind und noch schnell geholfen haben, die Teller und Tassen in die Küche zu räumen, dann kehrt wieder Ruhe ein. Das Geburtstagskind ist nun voller neuer Eindrücke, die es verarbeiten möchte. Es kann ihm nun schwerfallen, direkt in die Nachtroutine zu finden. Schafft euch eine gemütliche Atmosphäre, indem ihr beispielsweise das Badezimmer leicht abdunkelt und das Geburtstagskind vor dem Schlafenlegen ganz in Ruhe badet. Sprecht darüber, was ihr heute alles Schönes erlebt habt und wie sehr ihr euch freut, diesen Meilenstein als Familie genießen zu dürfen.

Wenn euer kleiner Schatz schläft, dürft ihr euch als Eltern ganz fest in den Arm nehmen. Gratuliert euch auch zu diesem Tag. Macht euch einen Wein auf, kuschelt auf dem Sofa und freut euch, dass ihr nun ein Kleinkind habt!

GEBURTSMONATS-BLUMEN

In meiner Familie habe ich die Tradition, dass Geburtstagskinder jeden Alters an ihrem Tag einen Strauß Blumen auf dem Geburtstagstisch finden. Das sind nicht irgendwelche Blumen, sondern immer die gleichen. Nämlich die Blumen, die für den Geburtsmonat stehen.

Manche Monate haben mehr Blumenarten als andere, und nicht alle Blumen eignen sich für einen Strauß auf dem Tisch. Da dürft ihr frei entscheiden, was in die Vase kommt oder was als Motiv auf der Geburtstagskarte oder der Serviette aufgegriffen wird. Nur legt euch bitte einmal fest und bleibt bei der wunderschönen Wahl.

Ich finde es toll, wie man die Vorfreude selbst spürt und bei den Liebsten sieht, wenn man auf Wiesen, Feldern und in Blumenläden langsam wieder die eigene Blume findet. Dann weiß man: Bald ist er da, mein ganz besonderer Tag!

- **Januar:** Nelke und Schneeglöckchen
- **Februar:** Schwertlilie und Veilchen
- **März:** Kirschblüte und Narzisse
- **April:** Duftwicke und Gänseblümchen
- **Mai:** Lilie, Maiglöckchen, Weißdorn und Pfingstrose
- **Juni:** Rose und Geißblatt
- **Juli:** Lotos, Rittersporn und Wasserlilie
- **August:** Gladiole und Klatschmohn
- **September:** Aster und Blaue Prunkwinde
- **Oktober:** Ringelblume und Schmuckkörbchen
- **November:** Chrysantheme und Kamelie
- **Dezember:** Weihnachtsstern und Narzisse

Quelle: www.geburtsblume.de

Neues Familienbild

Mama, Papa, Kind – das ist das Familienbild, das wir seit unserer Kindheit in Büchern, Geschichten und Filmen zum Großteil vorgelebt kriegen. Dass dieses Bild keineswegs immer so gelebt wird, wissen wir nun als Erwachsene vielleicht sogar aus eigener Erfahrung.

Familienbilder verändern sich, Paare trennen sich, neue Partner*innen kommen dazu. Das ist nicht immer leicht, kann aber so wunderschön individuell sein!

Wie geht man als Familie mit Trennung um?

Es steckt schon im Wort: Damit geht man getrennt um. Zumindest in der Anfangszeit gibt es kein Wir, das diese Situation emotional auf Augenhöhe zusammen verarbeitet. Eine Trennung ist für keine Seite schön, wenn die gemeinsame Familie denn aus Liebe erschaffen wurde. Es ist schmerzhaft, zu merken, dass die Liebe für das Gegenüber schwindet. Es ist noch schmerzhafter, wenn die eigene Liebe noch da ist, aber nicht mehr erwidert wird. Selbst die pragmatischste Vernunft-Trennung hinterlässt ihre Spuren. Auch dann, wenn es die richtige Entscheidung war.

Es ist die eine Sache, solch eine Trennung als Paar zu durchleben. Kommt die Elternrolle mit ins Spiel, wird alles komplizierter und meistens noch viel trauriger. Diese Gefühle müssen gefühlt werden, sie gehen nicht einfach so weg!

Euer Kind wird nun erleben, dass seine Eltern verletzt, traurig, wütend oder sogar frisch verliebt sind. All das sind große Emotionen, die es so vorher vielleicht noch nicht bei euch gesehen hat. Damit umgehen zu können ist in jedem Alter eine Herausforderung.

Ich empfinde es daher als sehr wichtig, eine fachliche Beratung oder Hilfe in irgendeiner Form in Anspruch zu nehmen. Helft euch und eurem Kind durch diese Emotionen hindurch! Diesen Schritt könnt ihr als Eltern gemeinsam gehen, aber findet ihr keinen gemeinsamen Nenner, geht nur ein Elternteil mit dem Kind zur Beratung. Dies soll ein sicherer Ort sein, keine Eskalationsstufe.

Es wäre natürlich perfekt, die Kinder aus den schmutzigen Seiten einer Trennung rauszulassen. Ich sehe den anfänglichen Willen dazu immer wieder, aber es wird schnell klar: Das ist so schwer und in der Realität kaum umsetzbar. Verletzte Menschen handeln nicht rational. Doch es ist auch die Pflicht der Eltern, das Kind in einen stabilen Alltag zu begleiten.

Das braucht Zeit, aber es muss passieren.

Sosehr dein*e Ex-Partner*in und du nun nichts mehr miteinander zu tun haben wollt, sosehr wird euch die Elternrolle immer verbinden. Findet einen Umgang miteinander, der respektvoll und wertschätzend ist. Nicht nur für euer Kind, sondern auch für euer Seelenwohl. Trennungen passieren immer wieder, aber es gibt einen achtsamen Weg danach.

Ich nenne mich ja »die Anwältin der Kinder«, und als diese habe ich folgende Bitte: Frage dein Kind nicht aus. Zwinge es nicht unterbewusst, schlecht über seinen Papa oder seine Mama zu sprechen. Zerre es nicht auf eine Seite, stelle es nicht in die Ecke. Manipuliere es nicht mit scheinbar beiläufigen Kommentaren, nutze es nicht als Spion.

Das ist nicht nur unfair, sondern ein riesengroßer Vertrauensmissbrauch, den dein Kind vielleicht nicht direkt, aber irgendwann begreifen wird. Und das ist dann im schlimmsten Fall ein sehr viel größerer Schmerz als die Trennung an sich.

Ich kann aus eigener Erfahrung den Drang nachvollziehen, die Kinder auf seiner Seite haben zu wollen. Um sich selbst zu trösten und zu wissen, dass das, was einem widerfährt, so schrecklich ungerecht ist. Doch bitte, bitte suche dir ein anderes Ventil für deine Gefühle. Lästere was das Zeug hält bei deinen Freund*innen, schreibe meinetwegen dem oder der Ex, doch hebe dir für dein Kind die Gefühle auf, die es nun braucht: Zuneigung, Liebe, Sicherheit.

Mit der Trennung kommt die Distanz. Emotional auf jeden Fall, räumlich ebenso mal mehr oder weniger. Als Ex-Paar müsst ihr nun lernen, mit dieser emotionalen Distanz umzugehen. Rituale wie den Begrüßungskuss gibt es nun nicht mehr. Die neue Distanz muss sich Mal für Mal etablieren, bis sie sich nicht mehr so schlimm anfühlt.

Zieht ein Elternteil weiter weg, ist die räumliche Distanz besonders für das Kind eine große emotionalen Umstellung. Damit es ebenfalls lernt, mit dieser Art von Distanz umzugehen, braucht es Regelmäßigkeiten. Erst, wenn ihr als Eltern eine Lösung gefunden habt, wie diese Distanz zwischen Elternteil und Kind nicht unüberwindbar wird, weiht ihr das Kind in den Plan ein. Ihr seid die Eltern, ihr seid der Halt und habt die Antworten!

Das schlechte Gewissen spielt sicherlich auch eine Rolle im Umgang mit einer Trennung. Vielleicht hast du dich neu verliebt und bist der Grund für die Trennung und den Schmerz, dem euer Kind nun ausgesetzt ist. Ich kann dir keine Schuldgefühle absprechen, aber ich möchte dir sagen: Das kann uns allen passieren. Es ist menschlich, aber sei bitte ehrlich. Ausrutscher geschehen, doch hintergehe deinen Partner oder deine Partnerin nicht. Du hintergehst gleichzeitig euer gemeinsames Kind. Fasse nach der ersten Heimlichkeit all deinen Mut zusammen und sprich es aus. Die Trennung wird passieren, du kannst nun noch mitentscheiden, wie viel Schmerz sie verursachen wird.

Damit euer Kind schnellstmöglich zurück in einen geregelten Alltag kommen kann, muss vor dem Kinderkriegen und am besten direkt mit der Hochzeit alles für den Trennungsfall vorbereitet werden. Sorgerecht, Finanzielles, Wohnort: Die nachträgliche Organisation dieser Themen belastet alle Beteiligten.

Saskia Schlemmer ist Scheidungsanwältin und hat genau zu diesem Thema Antworten, die vielleicht unromantisch, aber so superwichtig sind.

Im Interview: DIE ANWÄLTIN

Mein Name ist **SASKIA SCHLEMMER**, ich bin zweifache Mama, verheiratet und als Anwältin ausschließlich im Familienrecht tätig. Weil sich viele vor der Hochzeit zu wenig mit dem Thema Ehe, Familie und auch dem Worstcase Scheidung auseinandersetzen, habe ich es mir zur Aufgabe gemacht, insbesondere Frauen vor der Ehe über die rechtlichen Konsequenzen der Heirat aufzuklären, damit sie im Falle einer Scheidung nicht aus allen Wolken fallen.

Wieso sollte man unbedingt einen Ehevertrag haben, wenn Kinder im Spiel oder geplant sind?

In vielen Familien ist es auch heute noch immer so, dass ein*e Ehepartner*in zu Gunsten der Familie beruflich zurücksteckt und vollständig oder größtenteils Kinderbetreuung und Care-Arbeit übernimmt. In dieser Zeit kann derjenige oder diejenige kein eigenes Geld verdienen. Wer kein eigenes Geld verdient, kann nicht sparen, kein eigenes Vermögen aufbauen und auch nicht für das Alter vorsorgen. Auch entgehen einem durch den (Teil-)Ausstieg aus dem Beruf Karrierechancen, die im Laufe der Jahre meist nicht mehr aufgeholt werden können.

In einem Ehevertrag können diese Benachteiligungen ausgeglichen werden. Die gesetzlichen Regelungen sind oft nicht ausreichend. Beim gesetzlichen Zugewinnausgleichsanspruch besteht auch immer die Gefahr, dass Vermögensgegenstände in Trennungszeiten verschwinden, sodass am Ende nicht mehr viel zum Ausgleichen übrig bleibt. Ein Ausgleich in der Ehe ist meist eine sinnvolle Lösung.

Ein Ehevertrag schafft klare Verhältnisse und führt am Ende dazu, dass eine Scheidung, die in emotionaler Hinsicht schon sehr herausfordernd ist, nicht auch in wirtschaftlicher Hinsicht zum Albtraum wird.

> Ein Ehevertrag ist der Regenschirm,
> den man hoffentlich niemals braucht.

Wenn doch Gewitterwolken aufziehen sollten und man plötzlich unerwartet im Regenschauer steht, ist man froh, dass man ihn hat.

Ein Ehevertrag hilft zudem, auf der Paarebene für klare Verhältnisse zu sorgen. Als Eltern bleibt man auch nach einer Scheidung zwangsläufig verbunden. Um auf der Elternebene funktionieren zu können und für die Kinder ein Elternteam zu bleiben, ist es wichtig, dass die Paarebene geklärt ist. Die Paarebene kann aber nur abschließend geklärt werden, wenn alle finanziellen Aspekte geregelt sind und hier kein Konfliktpotenzial mehr besteht.

Wäre es vielleicht eine gute Idee, noch schnell zu heiraten, bevor das Kind kommt?

Letztlich ist es immer eine Frage, die jede*r für sich selbst beantworten muss. Rechtlich bietet die Ehe Vorteile, die meiner Meinung nach immer für die Ehe sprechen.

Es fängt mit dem Sorgerecht an. Das gemeinsame Sorgerecht haben beide Elternteile automatisch nur dann, wenn sie verheiratet sind.

Auch die finanzielle Absicherung des Partners oder der Partnerin, die oder der für die Kindererziehung beruflich zurücksteckt, ist besser, als wenn man ohne Trauschein zusammen ist. Nur wer verheiratet ist, hat einen Anspruch auf Trennungs- und nachehelichen Unterhalt. Auch der Versorgungsausgleich (Teilung der Rentenpunkte) wird nur bei Verheirateten im Falle einer Scheidung durchgeführt. Auch den (oft erweiterungsbedürftigen) Schutz der Zugewinngemeinschaft haben Unverheiratete nicht.

Für Nicht-Verheiratete existiert allein der sogenannte Betreuungsunterhalt, der bis zum dritten Geburtstag des gemeinsamen Kindes zu zahlen ist. Zwar kann auch darüber hinaus weiterhin ein Anspruch bestehen, allerdings kommt es hier immer auf den konkreten Einzelfall an.

Ein weiteres unschlagbares Argument für die Ehe ist das Erbrecht. Verheiratete haben einen Erbschafts- und Schenkungssteuerfreibetrag von 500.000 Euro. Der Freibetrag für Unverheiratete beträgt

20.000 Euro. Auch sind die anfallenden Steuersätze für die Erbschaft bei Verheirateten geringer als bei Unverheirateten.

Der überlebende Ehegatte erhält – in dem gesetzlichen Güterstand der Zugewinngemeinschaft – beim Tod des anderen zu seinem Erbteil einen pauschalen Zugewinnausgleich von einem Viertel, der grundsätzlich nicht versteuert werden muss. Neben dem Freibetrag muss auch das Familienheim bei einer Eigennutzung von zehn Jahren durch den überlebenden Ehepartner nach der Erbschaft nicht versteuert werden.

Weitere Vorteile einer Ehe vor der Familiengründung sind zum Beispiel: gemeinsamer Familienname, Witwenrente, Ehegattennotvertretungsrecht, Ehegattensplitting, Familienversicherung, Sondertarife bei Versicherungen, zum Beispiel bei der Rechtsschutz- oder der Hausratsversicherung.

Falls die Ehe trotzdem nicht in Frage kommt, habe ich folgenden Tipp: Unbedingt einen Partnerschaftsvertrag abschließen!

Welches Sorgerechts-Modell ist nach einer Scheidung in der Regel am besten fürs Kind?

Hier kommt es auch auf den konkreten Einzelfall an. Letztlich sollten die Bedürfnisse des Kindes im Vordergrund stehen. Bei einer Trennung ist es wichtig, den Kindern Sicherheit und Stabilität zu vermitteln und als Eltern immer das Kindeswohl im Blick zu haben.

Es existieren das Residenz- und das Wechselmodell. Ebenfalls gibt es noch das Nestmodell. Hier leben die Kinder an einem bestimmten Ort, und die Eltern wechseln sich mit der Betreuung ab. Dieses Modell kommt in der Praxis jedoch eher selten vor.

Beim überwiegend praktizierten Residenzmodell lebt das Kind bei einem Elternteil und der andere Elternteil hat dementsprechend ein Umgangsrecht oder auch Umgangspflicht beispielsweise jedes zweite Wochenende. Oder auch den erweiterten Umgang, mit beispielsweise einem weiteren zusätzlichen Tag in der Woche, an dem kein Wochenendumgang stattfindet.

Beim Wechselmodell lebt das Kind jeweils zu gleichen Teilen bei beiden Elternteilen. Die Betreuungsanteile sind hier gleich verteilt. Das Wechselmodell erfordert in Deutschland, dass die Betreuung und alle mit den Kindern zusammenhängenden Aufgabenfelder von beiden Parteien je zu fünfzig Prozent übernommen werden. Nicht nur die Übernachtungen, sondern auch alle Fahrten zu den Hobbys, Arztterminen, Elternsprechtagen etc. müssen hälftig aufgeteilt werden. Für das Wechselmodell ist eine gute Kommunikationsbasis zwischen den Elternteilen Grundvoraussetzung. Nur wenn diese besteht, ist das Wechselmodell überhaupt eine Option.

Generell sollte sich an den vor der Trennung gelebten Betreuungsverhältnissen orientiert werden. Wenn zuvor die Rollenverteilung/Zuverdienerehe gelebt wurde, ist das Residenzmodell das passende Modell. In der Praxis ist die Etablierung des Wechselmodells gerade bei sehr kleinen Kindern mit Schwierigkeiten verbunden, da für sie der Wechsel der Hauptbezugsperson zu Problemen führen kann und die Kinder sensibel reagieren. Jugendliche wollen in der Praxis auch oft selbst das Wechselmodell abschaffen, da sie den ständigen Wechsel als störend und lästig empfinden.

Es ist die Aufgabe der Eltern, den Lebensmittelpunkt unter Berücksichtigung des Kindeswohles festzulegen und alles daranzusetzen, einen Sorgerechtsstreit zu vermeiden.

Wie erzählt man Kindern von der Trennung?

Je jünger, desto behutsamer. Ist das Kind noch sehr klein, kann es erklärende Worte nur schwer verstehen. Es wird merken, dass plötzlich etwas anders ist und sich das Familiengefüge verändert. Man kann jedoch nicht einfach einen Elternteil schlagartig entfernen. Achtet darauf, dass ihr eurem Kind nicht alle Routinen nehmt. Reißt euch, wenn es denn geht, zusammen und versucht, Stabilität auszudrücken, ohne künstlich Harmonie vorzuspielen.

Zum Beispiel: Der Papa darf wie immer das Abendbrot vorbereiten, die Mama liest das Gutenachtbuch vor. Und dann trennen sich eure Wege für die Nacht.

Nach und nach könnt ihr mehr Distanz reinbringen.

In den Momenten, die ihr als Eltern gemeinsam verbringt oder in denen das Kind beim jeweils anderen ist, sollt ihr keine Ablehnung ausstrahlen, sondern euch gegenseitig die Zeit mit eurem Kind gönnen. Euer Kind liebt euch beide, vermittelt ihm nicht das Gefühl, dass diese Empfindung falsch ist.

Bei einem älteren Kind gilt es, die richtigen Worte zu finden und bereits einen Plan zu haben. Nehmt es nicht ins Chaos mit rein. Erklärt eurem Kind, was jetzt passieren wird, wo ihr wohnen werdet, wann und wie ihr einander sehen werdet. Seid auf unbequeme Fragen vorbereitet und reagiert auf Wut oder Ablehnung mit Geduld und Liebe.

Sagt eurem Kind ganz deutlich, dass es nicht die Schuld trägt. Für euch ist das klar, aber Kinderköpfe brauchen die Rückversicherung. Erklärt, dass ihr zwar nicht mehr ineinander verliebt seid, aber eure Liebe für euer Kind niemals weggehen wird. Egal, was mit euch als Ex-Paar passiert: Ihr seid die Stammfamilie, das darf nicht kaputtgehen.

Dürfen neue Partnerschaften im Familienleben eine Rolle spielen?

Früher oder später wird das unumgänglich sein. Welche Rolle neue Partner*innen im Familiengefüge spielen werden, ist sehr von der Persönlichkeit und eurem allgemeinen Familienverhältnis abhängig.

Kurz nach der Trennung empfinde ich es jedoch als zu verwirrend, eine dritte oder sogar vierte Person einzuführen. Manche Partner*innen sind sehr respektvoll und halten sich aus der Trennung, die eure Familie nun durchlebt, heraus. Und genau das ist es, was nun richtig ist.

Ist das Schlimmste überstanden und wieder ein stabiler Alltag aufgebaut, dürfen neue Partner*innen behutsam Teil des Bildes werden. Dabei ist wichtig, dass neue Partner*innen keine Stimme haben, wenn es um die Erziehung geht. Wenn sie schließlich Teil der Familie sind, sollen sie die Erziehungsregeln, die das Kind kennt, unterstützen.

Es gibt natürlich auch Patchworkfamilien, in der neue Partner*innen eine von allen gewünschte Elternrolle mit allem Drum und Dran einnehmen.

Je jünger ein Kind ist, desto besser nimmt es neue Partner*innen neben den Eltern an. Gebt eurem Kind die Chance, eine Bindung in einer Intensität aufzubauen, mit der es sich wohlfühlt. Kein Drängen, aber auch kein Unterbinden!

Euer Kind wird viel auf euch schauen. Lehnt der Papa den neuen Partner der Mama ab, hat der »Eindringling« kaum eine Chance. Ihr müsst die neuen Partner*innen nicht mögen, aber ihr solltet versuchen, sie zu akzeptieren. Nichts, was ihr nun tut, wird dafür sorgen, dass es wieder so wird wie vorher. Schafft eine Atmosphäre, in der niemand das Gefühl hat, ausbrechen zu müssen. Neue Partner*innen haben es oft auch nicht leicht, wenn sie in ein Familiengefüge »eindringen«. Sie baden Emotionen aus, die vielleicht nichts mit ihnen zu tun haben. Je nachdem, wie verletzt

In Fällen, in denen man einfach nicht aus der Enttäuschung, aus der Wut und der Trauer um das, was mal war, herauskommt, kann ein*e Mediator*in helfen, ein neues Miteinander zwischen allen Beteiligten zu finden.

man selbst ist, ist es schwer, darauf Rücksicht zu nehmen oder gar Verständnis zu zeigen.

Klammerst du den oder die neue*n Partner*in aus und ignorierst die Person, raubst du dir selbst einen Lebensteil deines Kindes. Für dein Kind gehört diese Person dazu, sie gehört zum Alltag. Gib ihm nicht das Gefühl, dich irgendwie zu hintergehen und einen Teil seines Lebens vor dir verheimlichen zu müssen, damit du nicht sauer bist.

Trennungen sind hart. Egal, wie klein oder groß die Familie, egal, wie kurz oder lang die Beziehung. Sie lassen sich noch über Generationen im Familiengefüge spüren, wie im Falle einer Familie, die sich in der Beratung an mich gewandt hat: Die Oma wünschte sich so sehr, dass das Enkelchen mal wieder bei ihr übernachtet. Die Mama des Enkelchens, ihre Tochter, hatte dabei jedoch kein gutes Gefühl, da ihr Kind im gemeinsamen Bett der Oma und deren neuem Partner schlafen sollte. Mit einem Mann im Bett, den sie noch nicht lange kannte und zu dem sie keine Beziehung pflegte. Was nun also tun, um die Bindung zwischen dem Enkelchen und der Oma nicht zu unterbinden?

Nun hieß es, ins Gespräch zu gehen und Alternativen zu finden. Ich schlug einen Kompromiss vor: Wie wäre es, wenn der neue Mann für eine Nacht auf dem Sofa schlafen würde, dann wäre das ungute Gefühl weg. Natürlich war es wichtig, dass die Mama ihrer Mutter vertraut. Ein weiterer Vorschlag wäre gewesen, dass das Enkelchen tagsüber sehr gerne zum Spielen kommen darf, aber zum Schlafen nach Hause kommt. Es gibt immer einen Weg, man muss ihn nur gehen.

Wie geht man besonders an Feiertagen mit einer großen Patchworkfamilie um?

Im ersten Jahr nach der Trennung soll euer Kind nicht überfordert werden, indem es hin und her gekarrt wird. Wenn ihr es schafft, dann feiert zumindest einen Tag zusammen als Kernfamilie. Aber bitte nur, wenn kein unterschwelliger Hass die Stimmung vergiftet. Teilt ihr euch für die Feiertage auf, muss das sorgfältig geplant und eingehalten werden. Euer Kind hat mit dieser Organisation nichts zu tun! Bringt es nicht in die schwierige Situation, auszusuchen, welches Fest es bei wem feiert. Es wird immer damit enden, dass es einem von euch Schuldgefühle gegenüber hat.

Die Feste und Traditionen werden nicht mehr so sein, wie sie mal waren. Es dauert sicher ein paar Jahre, bis ihr euch neu eingespielt habt, neue Traditionen feiern werdet und euch eurem Kind zuliebe auf alte Traditionen erneut einlassen könnt.

Feste sind dazu da, um gefeiert zu werden, und nicht, um zum Leidenstermin zu werden – das möchte ich euch bei aller Schwierigkeit mitgeben. So chaotisch das Feiern in einer großen Patchworkfamilie sein kann, so wunderschön kann es auch sein! Dein Kind wird, egal wo, umgeben von Menschen sein, die es lieben und die mit ihm feiern wollen.

Wie gehe ich damit um, dass meine Familie nicht mehr dem Idealbild entspricht?

Du lebst also nicht mehr das Familienbild, das du dir vielleicht schon seit deiner Kindheit erträumt hast. Das ist schwierig zu akzeptieren und mit Trauer verbunden.

Zunächst mal solltest du das »Ideal« streichen. Denn wäre es das wirklich gewesen, wäre es nicht zerbrochen. Dieses Bild, das du dir ausgemalt hast, muss nicht das sein, was dich letztendlich glücklich macht.

Gehe selbstbewusst in dein individuelles Familienbild und feiere die Besonderheiten, die deine Familie ausmachen. Das, was ihr lebt, ist nicht besser oder schlechter, es ist neu, es ist schön, wenn der Weg dorthin auch schmerzhaft sein kann. Es ist

einfach anders als das, was du oder die Gesellschaft irgendwann mal als das Ideal festgelegt haben – und es ist wertvoll!

Finde dich selbst und sei deinem Kind ein Vorbild, es dir nachzumachen. Selbstbewusstsein zu leben bedeutet nicht, dass du keine Schwäche vor deinem Kind zeigen darfst. Im Gegenteil! Zeige, dass Gefühle absolut keine Schwäche sind und du dir selbst erlaubst, auch mal traurig zu sein. Deine Offenheit mit deinen Emotionen zeigt, dass die Gefühle des Kindes ebenfalls ihre Daseinsberechtigung haben. Es soll sie nicht unterdrücken, sondern sie spüren, ohne einen Teil von sich zu verstecken.

Auch hier gilt natürlich: Bitte in Maßen. Sei mal traurig, aber lasse ausreichend Raum für die lachende Mama, die alberne Mama, die stabile Mama. Solltest du dies im Inneren nicht fühlen, sprich mit jemandem. Ob mit einer Freundin oder einem Therapeuten, ist deine Entscheidung. Doch bitte, achte auf dich und sei hoffnungsfroh, dass es nicht immer so dunkel und schwer sein wird, wie es sich in diesem Moment anfühlt.

Mache dir die Facetten deines Familienbilds bewusst, die viel mehr zu bieten haben als in deiner Idealvorstellung. Die Landschaft hinterm dunklen Tunnel ist so viel schöner, als wir es uns im Dunkeln ausmalen können.

Wir sind mehr als Eltern

FRAGEN UND ANTWORTEN AUSSERHALB DES ELTERNSEINS

Das Elternsein ist ein sehr großer Teil von euch, und er wird euch immer im Leben begleiten. Das ist etwas sehr Schönes! Ihr seid zusätzlich aber noch so viel mehr, vergesst das nicht. Ihr seid Verliebte, ihr seid beste Freundinnen, Arbeitskolleginnen, Fußball-Kumpel, Kaffee-Nachbarn – und ihr seid euer ganz individuelles Ich.

In diesem Kapitel widme ich mich euren Fragen und Unsicherheiten, die ihr in Bezug auf das Nicht-Eltern-Sein habt. Oder besser gesagt: Ich erläutere euch meine Sicht auf die Wichtigkeit von Paarzeit und Zeit allein.

Vereinbarkeit von Familie und Beruf

Eine richtige Mammutaufgabe!
Aber keine Sorge, dieser stellen sich
alle Eltern und es ist machbar.

Seid bereit, dafür zu arbeiten, eine
echte Vereinbarkeit zu erreichen. Es passiert
nicht einfach so, es braucht einen Plan.
Und dieser Plan kann sich auch mal ändern.
Es bleibt spannend!

Welche Betreuungsmöglichkeiten gibt es im ersten Lebensjahr neben der häuslichen Betreuung durch einen Elternteil?

Möchtest du dein Kind schon im ersten Lebensjahr in einer Kita betreuen lassen, wünsche ich mir, dass du eine kleine Einrichtung findest. Dein Baby braucht eine konstante Bezugsperson und Bindung. Das ist in einer großen Gruppe mit vielen Betreuer*innen und Kindern nicht so leicht.

Alternativ zur Kita gibt es die Tagespflege und Tagesmutter. Beides ist als öffentliche oder private Einrichtung möglich. Das Jugendamt prüft solche Betreuungsangebote mittlerweile sehr akribisch, was die Sicherheit der Kinder gewährleistet.

Manche Firmen haben sogar hauseigene Kitas, was für arbeitende Eltern großartig ist! Leider gibt es davon noch viel zu wenige.

Ich verstehe, wenn man die Betreuung im ersten Lebensjahr in Anspruch nehmen möchte, und verurteile diese Entscheidung keineswegs. Es wäre aber doch mein Wunsch, dass ein Elternteil im ersten Jahr beim Baby bleibt. Diese Zeit ist so prägend für das Kind und auch für eure Bindung.

Entscheidet aber bitte ganz so, wie es sich für euch und eure Familie richtig anfühlt!

Wie regelt man als Familie die Finanzen?

Mit dem bereits thematisierten, ach so unromantischen Ehevertrag! Geht als glückliches Paar diesen Schritt und sprecht ganz offen darüber, welche Themen ihr im Vorfeld geregelt haben wollt. Was könnt ihr jetzt schon klären, damit es ein langfristiges, sicheres finanzielles Miteinander geben wird?

Ist das passiert, geht es an die Alltags-Finanzen. Schreibt runter, welche Kosten ihr momentan schon habt, was auf euch zukommt und was langfristig bleiben wird. Umschifft unangenehme Fragen nicht, sondern nehmt sie mit ins Elternmeeting und gleicht eure Vorstellungen miteinander ab.

- Können wir uns eine Haushaltshilfe erlauben, oder wäre es doch eine zusätzliche Belastung und Sorge?
- Wie viele Babysachen müssen im ersten Lebensjahr gekauft werden?
- Was dürfen wir im Monat fürs Auswärtsessen ausgeben?
- In welchen Bereichen geben wir unnötig viel Geld aus?
- Wie oft und in welchem Ausmaß dürfen wir uns etwas außer der Reihe erlauben?
- Wofür geben wir unser Geld gerne aus?
- Welche Rücklagen wollen wir bilden – von der Reserve für akute Notfälle bis zur langfristigen Altersvorsorge?
- Welche Versicherungen sollen noch gestrichen werden oder dazukommen?
- Wer hat was für sich, wo entsteht eine Gemeinsamkeit?

Und jetzt seid ihr dran! Setzt euch zusammen und schreibt die Liste weiter.

Wie einige ich mich mit meinem Partner darauf, wer wann arbeiten darf und muss?

Diese Entscheidung hängt von verschiedenen Faktoren ab. Eure Arbeitszeiten, das Einkommen und auch eure Gefühle als Eltern müssen mit in Betracht gezogen werden.

Bereits vor der Geburt solltet ihr euch die Frage um den Wiedereinstieg in den Job stellen. Fasst einen Plan, der dann eure Vorlage ist. Schaut ihn euch ein paar Monate nach der Geburt nochmal an. Klingt der Plan noch logisch? Fühlt er sich noch richtig an?

Vermeidet Sätze wie »Aber wir hatten es doch so gesagt, wieso jetzt alles ändern?«. Mit der Geburt verändern sich die Hormone und Emotionen.

Den Mamas fällt es oftmals schwerer, als sie vorher dachten, wieder arbeiten zu gehen und die Betreuung des Kindes nicht mehr komplett bei sich zu haben. Andererseits kann sie es vielleicht kaum erwarten, wieder ins Berufsleben einzutreten, und möchte den Plan so umschreiben, dass das schon früher möglich ist.

Liebe Mama: Geh arbeiten, wenn du Freude an deiner Arbeit hast! Arbeit ist nicht nur ein Mittel zur finanziellen Sicherung; sie kann auch erfüllend sein und den notwendigen Ausgleich zum Mamasein bieten.

In diesem Zusammenhang ist es umso wichtiger, dass das Baby eine feste Bindungsperson hat, die als Teil der Familie angesehen wird. Dieser Bindungsperson sollst du ohne Eifersucht begegnen, denn sie spielt eine wichtige Rolle im Leben deines Kindes.

Also: Habt einen Plan, aber seid so flexibel, ihn gemeinsam unter Berücksichtigung aller Faktoren umzuschreiben. Es ist wichtig, dass beide Elternteile ganz ohne Schuldzuweisungen offen für diese Veränderungen sind. Ihr schafft das!

Was, wenn wir kein Familiennetz haben, das bei der Kinderbetreuung unterstützen kann?

Das Familienleben in der Stadt stellt Eltern vor besondere Herausforderungen, wenn es um die Kinderbetreuung geht. Es ist schade, aber vor allem in der Stadt nicht unüblich, dass die Großeltern oder andere Verwandte nicht in der Nähe leben.

Eine Möglichkeit ist die Suche nach einer sogenannten Leih-Oma. Viele ältere Menschen haben Zeit und ein großes Herz für Kinder, aber vielleicht keine eigenen Enkelchen in ihrer unmittelbaren Umgebung. Diese unverhoffte Beziehung kann eine so große gegenseitige Bereicherung sein!

Sollte das keine realistische Option sein, bleibt die Budget-Frage. Könnt ihr euch eine externe Kinderbetreuung leisten? Die Kosten für eine Tagesmutter oder andere Betreuungsformen können hoch sein, sodass es wichtig ist, realistisch zu planen. Dabei gilt es zu akzeptieren, dass unter Umständen annähernd ein Gehalt für die Betreuung genutzt werden muss. Diese Investition in die Entwicklung und das Wohlbefinden des Kindes ist es wert, wenn euch das Arbeiten erfüllt.

Hin und wieder helfen Freund*innen ganz bestimmt gerne bei der Betreuung – traut euch, sie zu fragen. Wählt für diesen Betreuungskreis nur bitte nicht zu viele liebe Menschen aus. Insbesondere in den ersten drei Lebensjahren des Kindes sollte nämlich darauf geachtet werden, dass nicht zu viele unterschiedliche Personen involviert sind. Kinder benötigen in dieser entscheidenden Phase die Möglichkeit, nachhaltige Bindungen aufzubauen.

Falls die eigene Familie aufgrund der Entfernung nicht in der Lage ist, im Alltag zu unterstützen, besteht vielleicht die Möglichkeit, dass sie euch finanziell für die Betreuung unter die Arme greift. Traut euch, dieses Thema anzusprechen! Oft sind Großeltern und andere Verwandte dankbar, auf diese Weise einen Beitrag leisten zu können.

Wie schafft man es, mit Baby und Beruf auch noch den Haushalt zu meistern?

Es ist wichtig, sich von Anfang an keine Illusionen zu machen: Das Gleichgewicht zwischen Baby, Beruf und Haushalt zu finden ist eine riesengroße Aufgabe. Viele Eltern kennen das Gefühl, nach einem langen Arbeitstag nach Hause zu kommen und sich nichts sehnlicher zu wünschen, als ihrem Kind die volle Aufmerksamkeit und Zeit zu schenken. Doch was ist mit der Wäsche, die schon seit Tagen auf dem Ständer wartet? Das Bad müsste auch mal wieder geputzt werden. Habt ihr euch Eltern überhaupt schon begrüßt? Puh.

Der Haushalt wird schnell zu einer zusätzlichen Belastung, die auf späte Abendstunden oder das Wochenende verschoben wird. Und auch in diesen Ausweichzeiten klaut sie Zeit, die ihr →

→ Wie schafft man es, mit Baby und Beruf auch noch den Haushalt zu meistern?

doch viel lieber als Eltern oder Paar verbringen würdet. Nur leider macht sich der Haushalt nicht von allein, und ihn ewig aufzuschieben ist auch keine gute Lösung.

Ich persönlich würde mir für Eltern im ersten Lebensjahr ihres Kindes staatliche Unterstützung für den Haushalt wünschen. Das ist bisher leider nur Wunschdenken, und bis es so weit ist, kann die Investition in eine gute Reinigungskraft eine so lohnende Entscheidung sein. Es ist superschwer, die passende Hilfe für die Putzarbeiten im Haushalt zu finden, aber der Gewinn an Zeit, die nicht mit Putzen verbracht wird, ist so unglaublich groß. So ein »Luxus« kostet, doch schaut euch eure Finanzen mal an. Gibt es vielleicht einen Bereich, in dem ihr etwas einsparen könnt? Anstatt Geld fürs Ausgehen auszugeben, könnte es zumindest für eine Zeit sinnvoller sein, in ein paar Stunden Entlastung bei der Grundreinigung pro Woche zu investieren.

Wenn ihr den Haushalt ohne externe Hilfe bewältigen möchtet, dann teilt die Aufgaben untereinander auf und fragt auch mal bei Freund*innen nach, ob sie vielleicht bei ein paar Aufgaben unterstützen könnten. Teilt große Aufgaben auf mehrere Tage auf und gebt vielleicht Teilaufgaben gegen Bezahlung ab – wie beispielsweise das Reinigen und Bügeln von Blusen, Hemden und Bettwäsche. Das macht doch niemand wirklich gerne.

Wichtig ist, dass nicht eine Person die Anweisungen gibt und der oder die Partner*in widerwillig folgt. Es geht um gemeinsame To-dos, die beide erledigt sehen wollen. Macht im Elternmeeting auch immer wieder einen Abgleich, ob ihr mit der Aufteilung zufrieden seid und ob sie für euch funktioniert.

Es sollte auch keine Erwartungshaltung herrschen, dass die Person, die mehr Zeit zu Hause verbringt und die Care-Arbeit leistet, den gesamten Haushalt allein stemmen muss.

Ja, vielleicht etwas mehr, aber sicherlich nicht alles. Mit einem Kind im Haus ist es einfach nicht möglich, den Haushalt so zu führen wie vorher. Diese Tatsache zu akzeptieren, kann viel Druck rausnehmen.

Mein persönlicher Tipp: Ein schöner Blumenstrauß im Wohnzimmer kann wunderbar vom Staub auf dem Regal ablenken. Letztendlich geht es darum, Prioritäten zu setzen und sich bewusst zu machen, dass ein blitzeblankes Zuhause vielleicht weniger wichtig ist als die kostbare Zeit mit der Familie.

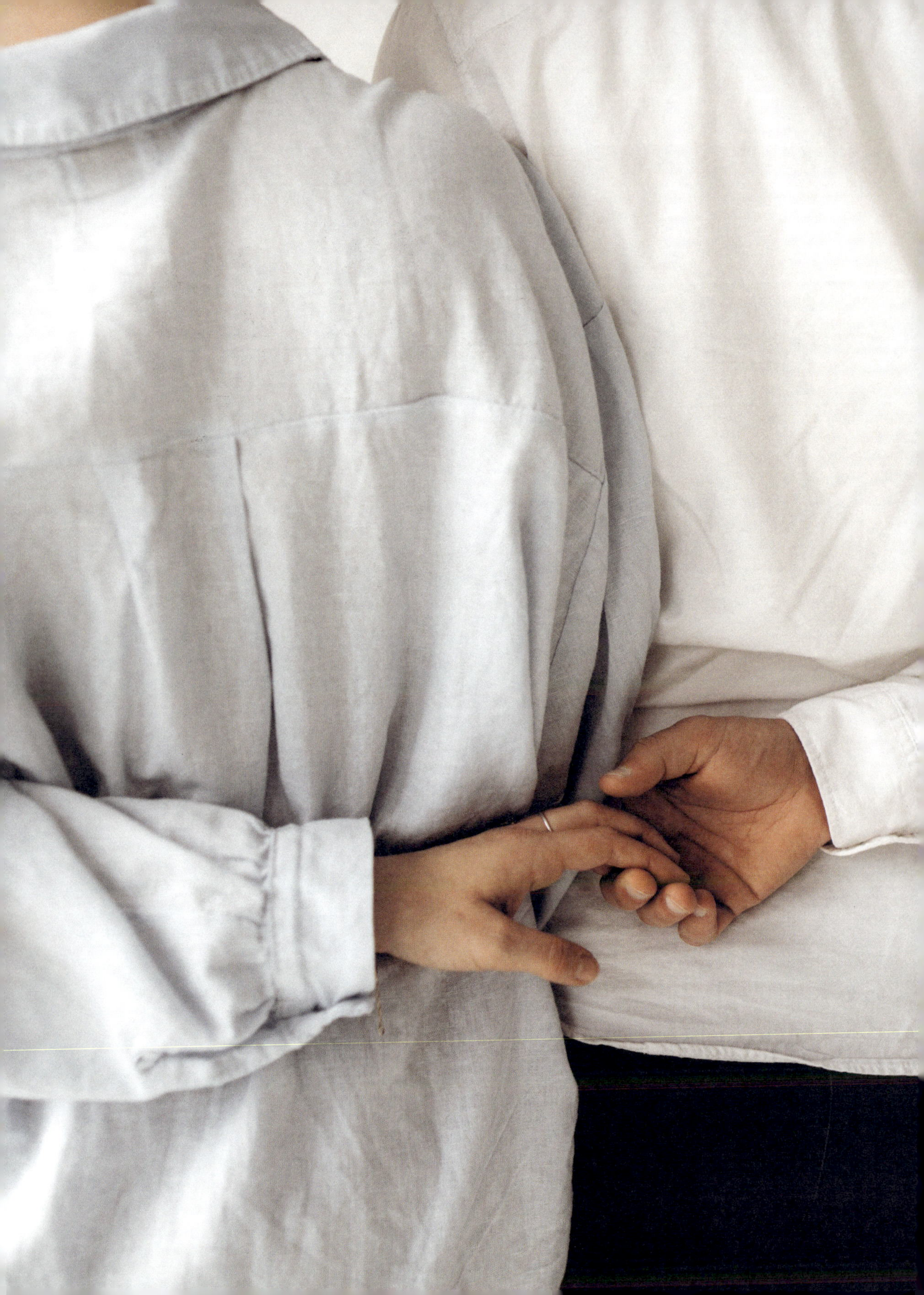

Paarzeit

Das Paarsein beinhaltet mehr, als einfach
an der Seite des anderen zu sein.
Ihr seid emotional verbunden, schon
bevor ihr zu Eltern wurdet!

Mit der neuen Elternrolle wächst eure
Verbindung, doch die Grundlage besteht –
wenn ihr auf sie achtet und sie pflegt.
Also nehmt euch dafür Zeit und schafft
Raum für ganz viel Liebe auf allen Ebenen.

Ab wann und wie häufig ist Paarzeit okay?

So oft, wie ihr sie gegenseitig einfordert und möchtet! Schön ist es, wenn ihr euch mindestens einmal im Monat einen Abend im Restaurant oder vielleicht auch einen Nachmittag für einen kleinen Ausflug als Paar schenkt. Besonders zu Beginn eurer Familienreise ist das mit viel Organisation und auch mit einem schlechten Gewissen verbunden, aber je mehr ihr euch auf die Zeit zu zweit freut und sie euch erlaubt, desto leichter fällt euch auch das Planen der Kinderbetreuung.

Bittet die Großeltern, Tanten oder Onkel um Hilfe. Sie werden euch gerne diese kleine Paar-Auszeit schenken, ohne dass ihr euch schuldig fühlen

müsst. Eure Familie möchte vielleicht auch ohne euch Zeit mit dem oder der Kleinen verbringen, um die Bindung zu stärken.

Frischgebackene Eltern, die in der Stadt leben, haben die Großeltern oft nicht in der Nähe, was spontane Auszeiten erschweren kann. Bindet eure engsten Freunde mit ein! Ladet sie zu euch ein, um gemeinsam Zeit zu verbringen, und lasst sie zu einem erweiterten Teil eurer kleinen Familie werden. Unterstützungsnetzwerke sind wichtig und niemals eine Einbahnstraße.

Lässt euer Baby es noch nicht zu, ohne euch zu sein – beispielsweise durch starkes Fremdeln –, baut eure Paarzeit langsam aus. Startet mit einem gemeinsamen Kaffee, während euer Nachwuchs im Nebenzimmer schläft oder sich in sicherer Umgebung allein beschäftigt. Sprecht währenddessen über Dinge, die nichts mit eurer Elternrolle zu tun haben, und fragt mit echtem Interesse nach dem Alltag des anderen. Ladet Vertrauenspersonen nach Hause ein und gewöhnt euer Kind an sie. Irgendwann wird es merken, dass ihr da seid, auch wenn es euch nicht sehen kann.

Paarzeit kann auch im eigenen Wohnraum stattfinden, und das täglich! Dazu braucht es nicht unbedingt Kerzen und Blumen, obwohl das natürlich schön ist. Nehmt euch in eurer Paarzeit vor, thematisch keine Eltern zu sein. Ihr müsst nicht »wie davor« sein, doch ihr liebt noch mehr aneinander als die Elternrolle. Sprecht über alltägliche Beobachtungen, stellt euch Fragen ohne tieferen Sinn, genießt es, Neues am jeweils anderen zu entdecken.

Wie schafft man es, die Elternrolle zeitweise abzustreifen?

Du könntest äußerlich anfangen, damit sich das Gefühl innerlich ausbreiten kann. Tausche dafür deine Alltagskleidung gegen ein schickes Outfit, das du normalerweise zum Ausgehen anziehen würdest.

Besonders in den ersten Wochen wird es dir vermutlich schwerfallen, an irgendwas außerhalb deiner Mamarolle zu denken. Das ist auch absolut in Ordnung, denn die ersten Wochen sind so intensiv, und du solltest jede Sekunde davon aufsaugen! Doch nach ein, zwei Monaten tut es dir sicher auch gut, dich wieder mit der Welt außerhalb deiner Elternrolle zu beschäftigen. Höre Nachrichten, blättere durch deine Lieblings-Magazine, lies in einem Buch, das nichts mit Kindererziehung zu tun hat, triff dich mit Kolleg*innen, die dir das Neuste aus dem Büro erzählen.

Es ist eine Bereicherung für dich, wenn du dich auch weiterhin mit den Themen beschäftigst, die dir vor deiner Schwangerschaft so wichtig waren und dir Spaß gemacht haben. Lasse für ein paar Momente deine Verpflichtungen los und schaue, was es noch so Spannendes gibt!

Ich versichere dir, dass du deinem Baby dadurch keine Aufmerksamkeit entziehst, sondern eure gemeinsame Zeit durch deine Ausgeglichenheit noch viel intensiver und wertvoller wird.

Was, wenn wir keine Gesprächsthemen mehr außerhalb der Elternrolle haben?

Dann wird es Zeit, den Notfallkoffer hervorzuholen! Nicht, den, mit dem du dich über alle Berge machst, sondern den, der einen Plan beinhaltet, wie ihr wieder ins Sprechen kommt.

Um neue Gesprächsthemen zu finden, muss man zunächst einmal etwas Neues erleben, hören oder sehen. Gebt euer Baby für ein paar Stunden in vertrauensvolle Hände und schenkt euch somit die Möglichkeit, auszugehen oder auch in den vertrauten vier Wänden neue Themen zu entdecken.

Schaut eine neue Serie, die euch beide interessiert. Überlegt, wie ihr euer Heim umgestalten möchtet, geht zum Sport, ladet Freund*innen ein, veranstaltet einen Spieleabend – Hauptsache, das Thema Baby ist tabu!

Euer Kind wird es euch danken, nicht ständig das einzige Thema für euch zu sein, und von eurer Lust, miteinander über Gott und die Welt zu sprechen, profitieren.

Was, wenn einer mehr Lust auf Intimität hat?

In einer Beziehung ist es normal, dass die sexuelle Dynamik sich verändert. Kommt die Geburt eines Kindes hinzu, spielen mehrere Faktoren auf beiden Seiten mit in die Empfindung hinein.

Ganz wichtig, wenn auch nicht leicht, ist in diesen Situationen Offenheit und Kommunikation. Sprecht über eure Bedürfnisse und Wünsche! Der Austausch schafft Verständnis und hilft dabei, dass ihr gemeinsam an einer Lösung arbeiten könnt.

Besonders bei einer stillenden Frau kann sich ihre körperliche und hormonelle Verfassung auf ihre Lust auswirken. Der Körper ist viel mehr auf Milchfluss als auf Liebeslust fokussiert. Ich sage immer: »Eine stillende Frau zu verführen ist eine Kunst!« Aber es ist nicht unmöglich. Es braucht viel Zärtlichkeit und Verständnis, um ihre Bedürfnisse zu berücksichtigen.

An meine stillenden Mamas: Wenn Sex für euch noch nicht in Frage kommt, dann dürft ihr das aussprechen. Stoßt eure*n Partner*in jedoch nicht weg. Mit einer Geburt gehen physiologische Veränderungen einher, die nichts damit zu tun haben, dass die emotionale Anziehung plötzlich verflogen ist. Keine Lust auf Sex ist nicht persönlich gemeint, das ist von außen nur schwer zu verstehen. Also nutzt bitte eure Worte und erklärt es.

Es kann aber auch andersrum sein, und dein*e Partner*in hat vielleicht noch Ängste, was die Intimität betrifft. Dein Körper hat so viel durchgemacht. Dein*e Partner*in war dabei und weiß, was die Geburt mit dir gemacht hat. Dieses Zögern und die Unsicherheit sind auch etwas, über das ihr beide unbedingt sprechen solltet.

Intimität ist mehr als Sex – das sind Berührungen, Geborgenheit und das Wissen, dass ihr zwei einander habt. Es ist wichtig, gemeinsam auszuprobieren, was und wie viel im Moment angenehm ist und was nicht. Sex sollte nie als Pflicht oder Belastung empfunden werden. Löst euch von Druck und zu hohen Erwartungen – schaut einfach, worauf ihr Lust habt und was Schönes zwischen euch passiert.

Gebt euch die Möglichkeit, eure Intimität neu zu entdecken und zu definieren – das ist so eine spannende Reise, und ihr lernt euch nochmal auf eine ganz andere Art kennen!

Wie gehe ich mit der Angst vorm neuen ersten Mal um?

Nach der Geburt ist jede Intimität ein bisschen wie das erste Mal und aufregend. Ihr seid zwar die gleichen Menschen, aber ihr habt in den vergangenen Monaten eine Entwicklung durchgemacht, die sich in allen Lebensbereichen bemerkbar macht.

Wenn die Lust da ist, gilt es natürlich noch zu beachten, wie es dem Körper geht. Bei einem Dammriss oder einer Verletzung ist besondere Sorgfalt gefragt. Seid besonders langsam und zärtlich miteinander, und kommuniziert offen, was sich gut anfühlt. Vielleicht mögt ihr nun andere Berührungen?

Sollte es doch zu sehr wehtun, wartet noch ein wenig oder benutzt Hilfsmittel wie Gleitgel und fragt gegebenenfalls um ärztlichen Rat.

Ein Mythos, der sich wacker hält, mit dem ich aber direkt aufräumen möchte: Auch stillende Frauen können schwanger werden! Wenn ihr das noch nicht eingeplant habt, solltet ihr euch auch beim neuen ersten Mal direkt mit der Verhütung auseinandersetzen.

→ Wie gehe ich mit der Angst vorm neuen ersten Mal um?

Das erste Mal nach der Geburt ist ein Meilenstein, den ihr als Paar nur für euch genießen solltet. Schiebt deshalb bitte euer schlafendes Baby vor die Zimmertür. Es ist ganz in eurer Nähe, und ihr könnt es hören, falls es aufwachen sollte, doch ihr habt nun alle eure Privatsphäre. Vielleicht wollt ihr statt ins Schlafzimmer auch auf das Sofa gehen. Sorgt dafür, dass es ein Ort ist, an dem ihr euch komplett fallen lassen könnt und es schön habt!

Wie viel Intimität darf das Baby mitkriegen?

Eure Zuneigung füreinander soll euer Baby auf jeden Fall mitkriegen! Sex hat in Anwesenheit des Babys aber nichts verloren.

Wie schon gerade gesagt, würde ich das schlafende Baby aus dem Zimmer schieben. Ich weiß aber auch, dass Intimität nicht immer geplant ist und es auch mal passieren kann, dass das Baby doch im gleichen Zimmer ist. Wenn es passiert, ist das okay, doch bitte schafft euch euren Liebesplatz zukünftig so, dass euer Baby nichts mitbekommt.

Zeit allein

Zeit allein ist alles andere als einsam
oder die Abwesenheit von etwas.
Sie ist ein Zugeständnis an dich selbst
und ein ganz wichtiger Bestandteil eines
glücklichen Familienlebens.

Du musst in dieser Zeit auch nicht unbe-
dingt allein sein! Doch nur du bestimmst,
mit wem du sie verbringst und wie sie
dein Leben bereichern wird.

Wie schaffe ich es, Zeit für mich einzurichten?

Es ist ein Weg, der mit Arbeit und Neusortierung einhergeht. Doch es ist so wichtig, dass du dich auf diesen Weg begibst.

Mit Kind bist du automatisch durchgehend im To-do und kommst als Person immer ein Stückchen zu kurz. Ich kann dir leider kein Wundermittel nennen, mit dem das einfach so anders wird. Das kannst nur du für dich selbst schaffen.

Es ist schwer, an den Punkt zu kommen, an dem man wirklich Zeit für alles hat. Für Familie, Beruf, Beziehung und auch für sich selbst und seine Hobbys, für Selbstfürsorge und Interessen.

Lebt ihr als Eltern zusammen, dann schafft euch gegenseitig Raum ohneeinander. Schenkt euch gegenseitig Auszeiten und gönnt sie dem anderen auch wirklich. Keine heimlichen Vorwürfe! Ihr sollt nicht kontrollierend an der Tür stehen und am Ende des Monats aufzeigen, wer wie viel länger Zeit für sich haben durfte. Natürlich sollen sich die Auszeiten im Großen und Ganzen ausgleichen, doch seid nicht zu streng. Ihr nehmt nicht unbedingt Abstand voneinander, sondern braucht die Zeit, um wieder bei euch anzukommen.

Teilt euch am Wochenende ein bisschen auf. Familienzeit ist zwar wichtig, doch ihr müsst nicht jeden Moment als komplette Familie verbringen. Mal darf der eine ausschlafen, mal die andere, und im Anschluss trefft ihr euch auf einen ersten oder zweiten Kaffee gemeinsam am Küchentisch. Das tut euch individuell so gut! Und eurer Familie und Partnerschaft sowieso.

Im Elternmeeting habt ihr immer wieder die Möglichkeit, auf das Jetzt zu schauen und zu prüfen, ob ihr euch an eure selbst definierten Regeln haltet. Oder sind eure Abmachungen von vor ein paar Wochen vielleicht gar nicht mehr so gut, wie ihr dachtet? Schaut, was funktioniert, was nicht und wie ihr für die Genusszeit allein nun gemeinsam einen Plan aufstellen könnt, der euch beiden die Möglichkeit zum Durchatmen gibt.

Meine Empfehlung für Me-Time-Beschäftigung beinhaltet besonders für die Mamas Bewegung, die die Heilung des Körpers unterstützt. Leichter Ausdauersport ist gut, da geht auch erst mal ein langer Spaziergang durch den Wald, wo du einen sanft ansteigenden Hügel hochgehst, einen Baumstumpf überschreitest und dich zwischendrin ganz lang streckst.

Ein wohltuendes Bad mit Buch ist auch super für Körper und Seele. Oder eine Runde tanzen gehen! Erinnere dich daran, was du vor der Schwangerschaft gerne getan hast und was dir als Ausgleich zum Beruf geholfen hat.

Verbringe die Zeit erfüllend! Mir ist wichtig, dass du bei deinen Me-time-Aktivitäten nicht das Handy vorm Gesicht hast. Man weiß aus der Hirnforschung, dass, wenn solche Auszeiten nur am Handy verbracht werden, man sich selbst nicht die Chance gibt, wirklich bei sich und in der Welt anzukommen. Man hat vielleicht das Gefühl, durch den Bildschirm draußen in der Welt gewesen zu sein und etwas erlebt zu haben, doch so ist es nicht wirklich. Dieses Gefühl bleibt nicht bestehen, und es schenkt dir keine Kraft oder innere Ruhe.

Genieße die Zeit, die du mit dir verbringst mit einem guten Gefühl.

Je besser die Allein-Zeit, desto besser die Wir-Zeit!

Wie oft darf ich Zeit für mich allein einfordern?

Jeden Tag ein wenig. Du beginnst mit zehn Minuten, in denen du vielleicht etwas liest oder dir ausgiebig Zeit für die Hautpflege lässt. Dann erhöhst du diese Zeit Schritt für Schritt, bis sich eine halbe Stunde am Tag gut anfühlt. Es bringt nämlich nichts, wenn du sofort mit einer halben Stunde startest und in Gedanken doch nur bei deinem Baby oder dem Wäschestapel in der Ecke bist.

Nutze auch die Rückbildung zur Allein-Zeit! Besuchst du beispielsweise einmal in der Woche einen Kurs, hängst du eine weitere halbe Stunde für ein Treffen mit einer Freundin dran oder gehst noch eine Runde spazieren.

Zurück zu Hause kommst du in Ruhe an und freust dich, deine Familie wieder begrüßen zu dürfen. Nun möchte dein*e Partner*in vielleicht etwas Zeit für sich – mache es möglich! Achtet nur darauf, dass dieser Wechsel nicht wie eine hektische Staffelübergabe wirkt. Ihr wollt schließlich nicht voreinander fliehen.

Die tägliche halbe Stunde unter der Woche darf am Wochenende ruhig ausgedehnt werden. Jedem Elternteil stehen ein paar Stunden Allein-Zeit zu. Das geht nicht jedes Wochenende und teilt sich nicht immer fair auf, aber wenn es funktioniert, ist es umso schöner.

Sprecht auch darüber, wie ihr es schafft, dass eine Person auch mal über ein ganzes Wochenende mit Freund*innen wegfahren kann. Stellt einen Plan auf und lasst in der Organisation immer ganz viel Platz für Vorfreude.

Wie gehe ich mit dem schlechten Gewissen um, wenn ich mir eine Auszeit gönne?

Hast du mit deinem Partner oder deiner Partnerin eine gute Wir-Ebene, spielt Missgunst oder Neid gegenüber demjenigen, der sich nun eine Auszeit gönnt, keine Rolle.

Damit auch die Elternebene keinen Grund für ein schlechtes Gewissen liefert, solltet ihr euch gegenseitig nicht mit einer ellenlangen Liste an To-dos ausstatten, die die andere Person während eurer Abwesenheit abzuarbeiten hat. Das sehe ich besonders häufig, wenn Frauen die Care-Arbeit machen und es ihren Männern dann nicht zutrauen, selbst die Aufgaben im Haus zu sehen, die neben der Kinderbetreuung erledigt werden sollen. Die Person, die sich eine Auszeit gönnt, soll nicht bestimmen, was in der Zeit daheim passiert. Eine To-do-Liste löst beim Partner oder der Partnerin Druck aus, und du bist mit den Gedanken automatisch bei all den offenen Aufgaben, die du zurückgelassen hast. Das ist kein schönes Gefühl für irgendwen!

Was die Mama-Schuldgefühle angeht: Sie werden kommen und auch nicht so einfach weggehen. Lerne, diese Schuldgefühle richtig einzuordnen, und lasse sie nicht zum Grund werden, dir keine Auszeiten zu gönnen. Stehe für sie ein, auch vor dir selbst!

Auszeiten sind Schutz vor Burnout und Stressfaktoren, und indem du Selbstfürsorge betreibst, findest du die Kraft, um von innen heraus zu strahlen. Mache die Allein-Zeit zum Ritual, das ganz selbstverständlich Teil deines Alltags ist. Hat sich das Gefühl von Regelmäßigkeit eingespielt, bleibt kaum mehr Platz für Schuldgefühle.

Wie schaffe ich es, meinem Partner / meiner Partnerin die Me-Time nicht vorzuwerfen?

Das ist leider etwas, was ich bei ganz vielen Paaren sehe. Es beginnt im Kleinen mit beiläufigen Sticheleien und Vorwürfen und kann zu einem richtigen Streit-Monster heranwachsen. Um gar nicht erst dort anzukommen, müsst ihr miteinander sprechen und die Grundlage verinnerlichen: Ihr seid ein Team, keine Rivalen!

Vorwürfe kommen direkt aus der Überforderung, Erschöpfung und dem Gedanken, dass man selbst viel mehr leistet als das Gegenüber. Solche Gedanken sind zu einem gewissen Maß normal, werden aber schnell zu purem Gift auf allen Ebenen.

Werft euch nicht die Rollen vor, die ihr beide vor der Geburt zusammen definiert habt. Die Person, die die Care-Arbeit leistet, faulenzt nicht rum oder spielt den ganzen Tag mit dem Baby. Die Person, die der Erwerbstätigkeit nachgeht, drückt sich nicht vor der Elternrolle oder der Hausarbeit.

Wenn ihr euch abends seht, darf sich der Frust, der sich über den Tag angesammelt hat, nicht an der Person abladen, auf die ihr euch doch eigentlich so freut. Selbstverständlich sollt ihr eure Gefühle ausdrücken dürfen, doch statt sie einander vor die Füße zu werfen, genießt erst mal einen Moment als Familie. Die erwerbstätige Person spielt mit eurem kleinen Schatz, die Person, die die Care-Arbeit leistet, darf in dieser Zeit mal nur für sich sein.

Ihr seid beide erschöpft von dem Tag und habt viel geleistet. Auf unterschiedliche Weise, die das Gegenüber nicht komplett nachvollziehen kann, weil er oder sie nicht dabei war. Versucht es aber trotzdem! Versetzt euch gegenseitig in die jeweils andere Lage und versucht wirklich, euch gegenseitig zu fühlen.

Versucht in gemeinsamen Gesprächen zu verstehen, wieso Me-Time für euch nun wichtig ist und wieso es wehtut, wenn diese nicht gegönnt →

→ Wie schaffe ich es, meinem Partner / meiner Partnerin die Me-Time nicht vorzuwerfen?

wird. Sich Zeit allein zu wünschen ist immer eine Art der Selbstfürsorge, und ihr möchtet doch schließlich, dass es euch beiden gut geht.

Manchmal passen die Rahmenbedingungen nicht, und der Wunsch nach einer Auszeit kann einfach nicht berücksichtigt werden. Vielleicht kann eine Person allein grade nicht die Verantwortung zu Hause stemmen. Dann müsst ihr rücksichtsvoll miteinander sein und Verabredungen auch dann absagen, wenn sie schon länger im Kalender stehen. Ohne Vorwürfe! Irgendwann bist auch du mal in der Situation, in der du dieses Verständnis entgegengebracht bekommen möchtest.

Das Erste, das du deinem Partner oder deiner Partnerin sagen solltest, wenn er oder sie von der Auszeit zurückkommt, ist nicht: »Da bist du ja endlich!« Frage stattdessen mit echtem Interesse nach, wie es war. Das wird kein Verhör, sondern zeigt, dass du dich mit deinem Partner oder deiner Partnerin freust. Partnerschaft findet über positive Zuwendung statt, nicht über Vorwürfe, und wenn ihr nur noch aneinander herummeckert, braucht ihr vielleicht eine gemeinsame Auszeit. Spürt und seht, welchen positiven Effekt dieser Ausbruch aus dem Alltag auf euch beide hat. Das wird euch in Zukunft vielleicht dabei helfen können, dem oder der anderen diese positiven Gefühle viel besser zu gönnen.

Ich habe nun bewusst euer Baby ausgeklammert. Das solltet ihr unbedingt auch so handhaben, wenn es um gegenseitige Vorwürfe geht. Lebt sie nicht vor eurem Kind aus und klärt sie zu zweit. Statt zu lernen, dass Auszeiten Probleme verursachen und zu Spannungen führen, soll euer Kind lernen, dass es wichtig und schön ist, auch mal Zeit für sich zu haben.

Wir schließe ich neue Freundschaften mit Nicht-Eltern?

Eltern sind häufig sehr in ihrem Thema gefangen, und es ist kaum vorstellbar für sie, dass es noch Gesprächsthemen außerhalb der eigenen Elternwelt gibt. Es tut aber auch mal gut, über anderes als Windeln und Erziehungsstile zu sprechen. Das geht besonders mit Menschen, die selbst nicht im Elternthema drin sind.

Um neue Menschen kennenzulernen, besuche beispielsweise einen Kurs, der das Elternsein nicht im Fokus hat. Melde dich in einer Sprachschule an, gehe zum Töpfern, trete in einen Volleyball-Verein ein. Ohne Druck! Du musst die Sprache nicht schnellstmöglich lernen oder Turniere spielen. Dein Ziel ist es, außerhalb deines Elternseins neue soziale Situationen zu erleben und Verbindungen zu knüpfen.

Traue dich etwas Neues, dann lernst du auch neue Menschen kennen, die vielleicht schon bald zu deinen engsten Vertrauten werden!

Deine Mama-Freundschaften bleiben dir trotzdem und sie sind auch wichtig. Ihr versteht euch auf einer anderen Ebene so viel besser als Nicht-Mamas. Keine dieser Freundschaften ist wichtiger oder wertvoller als die andere. Sie sind alle eine riesengroße Bereicherung für dein Glück!

Familie ist eine wunderschöne Herausforderung

Ich habe euch nun mitgenommen durch die vielen Fragen und Antworten des Familienlebens im ersten Babyjahr. Es gibt noch so viel mehr, was auf euch zukommen wird, und nicht auf jede Frage gibt es nur diese eine Antwort. Ihr müsst auch nicht sofort alle Antworten parat haben, sondern dürft als Eltern in eurem Tempo wachsen. Genießt die Reise, lasst euch nicht überwältigen, jagt keinem Optimum nach. Lebt, erkundet, lernt!

Und wenn ihr doch Fragen habt, dann bin ich für euch da.

Liebe Heike, wie setzen wir all das in der echten Welt nun um?

Oft höre ich von Eltern den Satz: »Das klingt ja schön und gut, aber wie soll ich das im Alltag umsetzen?«

Ohne den ersten Schritt zu wagen, wird sich nichts ändern. Ihr müsst nicht versuchen, alle Empfehlungen auf einmal anzugehen. Konzentriert euch stattdessen auf die Dinge, die euch als Familie besonders wichtig sind.

Versucht, diese schrittweise in euren Alltag zu integrieren. Es geht nicht darum, perfekt zu sein, sondern darum, kleine, bedeutsame Veränderungen zu machen, die eurer Familie guttun.

Ich wünsche euch so viel Freude beim Austesten, was sich für eure Familie richtig anfühlt!

Es muss nicht alles immer direkt passieren, doch wer weiß, was ihr alles umsetzen könnt, wenn ihr denn erst mal loslegt?

Mache ich das alles richtig?

Das ist nun ausnahmsweise eine Frage, die ich mir selbst stelle. Ob ich eine Antwort habe? Nicht so richtig, aber ich versuche es mal mit diesem Ansatz:

Ihr Lieben, das Buch ist nun geschrieben. Dies sind die letzten Absätze, die ich tippe. Ob es mir mittlerweile leichtfällt? Nein, und das habe ich schon vor sehr vielen Seiten lernen und akzeptieren müssen.

Für mich war dieser Schreibprozess ein wenig, wie selbst noch einmal Mutter zu werden. Mir ist während der Auswahl und der Beantwortung der Fragen, die mir in meinem Berufsalltag schon seit Jahren immer wieder begegnen, bewusst geworden, welch eine Verantwortung diese kleine Orientierungshilfe in sich trägt.

Die vergangenen Monate waren ein wahres Gefühlschaos: Unsicherheit, Glück, Stärke, Schwäche, Überforderung, Selbstsicherheit, Höhen, Tiefen – all das habe ich während der Entstehung des Buches durchlebt.

Kommen dir diese Gefühle bekannt vor? Genau! Sie sind denen einer (werdenden) Mutter sehr ähnlich. Und egal, wie lange man Mutter oder Vater ist, weiß man doch nie, ob man es wirklich richtig macht. Letzten Endes kommt es doch darauf an, dass man alles mit Liebe macht.

Ich habe dieses Buch als Familienpädagogin geschrieben und mich auf meinen großen Erfahrungsschatz berufen. Doch ich sage auch ganz klar: Nehmt meine Ratschläge und Empfehlungen nicht dogmatisch an, schließt Meinungen, die mit mir nicht konform gehen, nicht einfach aus, hört auf euer Bauchgefühl.

Ihr seid die besten Eltern, da möchte ich mich nicht einmischen, stehe aber immer gerne mit Rat zur Seite. Wenn ihr in meinen Worten hier und dort einen Halt finden konntet, ist viel geschafft, und ich kann stolz auf das sein, was ich dank eures Vertrauens vermitteln durfte.

Danksagung

Allen zu danken, die mir dieses Buch ermöglicht haben, schaffe ich nicht. Es sind so viele mehr, als hier Platz finden, daher beschränke ich mich zumindest schriftlich auf die wunderbaren Menschen, die dieses Buch mit mir umgesetzt haben.

An erster Stelle möchte ich meinen Kindern Moritz und Till danken. Ihr steht nicht nur unterstützend an meiner Seite und feuert mich an, sondern ihr habt mir das größte Geschenk gemacht. Wir sind durch euch eine Familie geworden, und ich durfte Oma werden. Wir haben gemeinsam Höhen und Tiefen erlebt, und eure Unterstützung ist so wertvoll für mich. Mit euch an meiner Seite weiß ich, dass ich, ganz egal, welche Wendungen das Leben auch für mich bereithält, alles schaffen kann. Und das mit sehr viel Liebe und Sonnenschein im Herzen.

Ein herzliches Dankeschön geht auch an meinen Verlag Community Editions, mein Management somefriends und an alle, die an dieses Projekt geglaubt und es mit Leidenschaft umgesetzt haben. Danke, Mareike, für die Projektleitung. Danke, liebe Lilly und Melisa, für die redaktionelle Unterstützung und die wunderschönen Fotos, die meine Worte untermalen. Danke, Katharina, für das Design, und danke, Iris, für das Lektorat. Auch euch ein Danke, Antonia und Janina, für die tatkräftige Management-Unterstützung. Ich möchte auch den Menschen danken, die mit ihren Familienfotos so viel Liebe in mein Buch gebracht haben. Liebe Christina, danke dir, dass du mein Projekt mit so viel Liebe platziert und auch ein Stück weit ins Leben gerufen hast.

Außerdem möchte ich zwei Menschen danken, die mir, als es darauf ankam, so viel Rückenwind gegeben haben, was meine Entscheidung, Social Media zu machen, angeht. Danke, Carmen und Niclas, dass ihr schon seit der Schwangerschaft mit meiner so liebgewonnenen Tilli an meine Fähigkeiten glaubt.

Danke an mein Team vom Familieninstitut dafür, dass ihr immer an mich und mein Unternehmen glaubt. Ihr habt auch in Krisenzeiten zum Institut gestanden und die Zukunft mit mir gestaltet. Es ist ein Geschenk, mit so wundervollen und wertschätzenden Menschen meinen Berufsalltag teilen zu dürfen und zu wissen, dass ihr mir auch während des Schreibprozesses den Rücken frei gehalten habt.

Ein riesengroßes Dankeschön geht an mein Netzwerk aus Expert*innen! Es ist so beruhigend zu wissen, dass ich nicht alles wissen muss, sondern auf Menschen zurückgreifen kann, die in ihren Fachbereichen echte Profis sind und ihr Wissen gerne teilen. An meine Interviewpartnerinnen Franzi, Ulli, Saskia und Sina: Danke, dass ihr eure Themenbereiche mit Fachkenntnis in meinem Buch verewigt habt.

Danke an meine Freundinnen und Freunde, die mir seit Jahren, aber besonders in den letzten Monaten die Kraft gegeben haben, ein solches Projekt überhaupt in Erwägung zu ziehen. Ihr seid eine immense Quelle der Kraft und eine willkommene Ablenkung.

Mein letztes Dankeschön ist ein besonders tief empfundenes und umfassendes. Es richtet sich an die Mütter, Väter, Kinder und Familien, die auf die eine oder andere Weise zu mir gefunden haben. Danke, dass ich euch im Institut beraten durfte, dass ihr mir auf Instagram zuhört, dass ihr mich in eure Familien einladet und meinen Worten Gehör schenkt. Ihr seid der Grund für dieses Buch, die Fragen sind eure, und ich hoffe, dass die Antworten noch viele weitere Menschen erreichen werden. Mehr als ich mir je vorstellen könnte.

Empfehlungen und Anlaufstellen

Heikes kleine Düsseldorfer Welt

Familieninstitut Heike vom Heede
Babygymnastik, Familienberatung, Elternwerden-Kurse, Kinder-Waldgruppe und vieles mehr vor Ort im Institut oder teilweise als Onlinekurs buchbar.

Baby Kochs
Tolle Anlaufstelle für die Familien-Ausstattung, Geschenkideen und wunderschön hochwertige Kinderkleidung – online und offline gut beraten.

House of Little Labels
Für organisatorische Themen, die den Haushalt, Familien-Alltag und auch den Kopf sortieren.

Liebevoll Auermühle
Ein wunderschönes Lokal für Familien mitten im Ratinger Wald und der Lieblings-Treffpunkt für Eltern, die ihre Kinder in meine Waldgruppe bringen.

Liebste Kiste von Nicole Mattes
Eine wunderschöne Idee zur Geburt – ob als Geschenk ans Patenkind oder Erinnerungsstück für den eigenen Schatz.

Kinder-Klassiker Buchhandlung und Spielwaren für Kinder
Eine ganz liebevoll zusammengestellte Auswahl an Kinder-Klassikern, die uns seit Generationen begleiten.

Littleplan
Erste Hilfe und Kindersicherheit als Kurse und wunderschöne Produkte für die spielerische Vermittlung.

Carlsplatz – der Markt
Schlendert als Familie über meinen liebsten Markt und entdeckt zusammen die vielen Stände und Leckereien.

12minutes.de
Erste-Hilfe-Kurs für Eltern mit eigener Notfallübungspuppe zur regelmäßigen Übung für zu Hause. Entwickelt von den Notärzten Dres. med. Annalena und Lukas Dehé.

Produkt-Empfehlungen

Hochwertige Kleidung von Lille Toni und Famvibes

Heikes Schlafsack und Heikes Musselin für die Mamas von Alvi

Wertvolles Holzspielzeug von Grimm's

Babytrage von sandiia

Kinderkleidung von Hejlenki

Kinder- und Frauenmode von Leevje

Kinderkleidung aus Naturmaterialen von Alana

Stapelturm von Djeco

Armband von Schmuckstück

Ratgeber für die Schwangerschaft

»Das große Buch zur Schwangerschaft« von Franz Kainer und Annette Nolden

»Hilfe, ich werde Papa« von Christian Hanne

»Die Hebammensprechstunde« von Ingeborg Stadelmann

»Das Stillbuch« von Hannah Lothrop

»Wenn das Leben intensiv beginnt: Ein Elternbegleitbuch für die Zeit in der Kinderklinik« von Susanne Bürger

Ratgeber für die Erziehung & Familienalltag

»Babyjahre« von Remo H. Largo

»Mein erstes Jahr – Glücksmomente & Erinnerungen« von Herzthaler

»Das Jahreszeitenbuch: Anregungen zum Spielen, Basteln und Erzählen« von Christiane Kutik und Eva-Maria Ott-Heidmann

Kochbücher

»Yummy Mami Kochbuch« von Dorothee Soehlke-Lennert und Lena Elster

»Die kleine Löffelei« von Ninja Bender, Annika Kirner und Franziska Fleisch

»Want good food« von Michi Brandl

»Keep it easy« von Laura Koerver

Anlaufstellen

Bundesverband »Das frühgeborene Kind« e. V.

Stiftung Deutsche Depressionshilfe und Suizidprävention

Schatten und Licht e. V.

12minutes.de

Fragen-Übersicht

IMPRESSUM

Ein Jahr lang wir

MIX
Papier | Fördert gute Waldnutzung
FSC® C109273

Druckprodukt mit finanziellem Klimabeitrag
ClimatePartner.com/20273-2404-1009

1. Auflage

Weyerstraße 88–90
50676 Köln

Text: Heike vom Heede
Redaktionelle Unterstützung: Lilly Adam
Fotos: alle Melisa Balderi, außer S. 238 fizkes (Yoga-Pose, *stock.adobe.com*)
Layout, Design & Satz: Katharina Fuchs, fuxbux, Berlin
Projektleitung: Mareike Neukam
Lektorat: Iris Rinser

Gesetzt aus der Dante von Monotype und
der Noah Grotesque von Fontfabric.

Community EDITIONS

Gesamtherstellung: Community Editions GmbH
ISBN 978-3-96096-446-9

Druck: Druk Intro, ul. Świętokrzyska 32, 88-100 Inowrocław, Polen
Printed in Poland

www.community-editions.de